BILL FARREL

LAS **10** MEJORES **DECISIONES** QUE UN **LÍDER** PUEDE **HACER**

Las 10 mejores decisiones que un líder puede tomar

Publicado por Editorial Patmos,
Miami, FL 33169

Publicado originalmente en inglés por Harvest House Publishers, Eugene, OR., 97402, con el título *The 10 Best Decisions a Leader Can Make*
www.harvesthousepublishers.com

Traducido por Silvia Cudich
Capa diseñada por Wagner Leonardo Francia

ISBN 13: 978-158802-708-5

Categoría: Liderazgo

Impreso en Brasil
Printed in Brazil

RECONOCIMIENTOS

Este libro ha surgido de un deseo que se ha ido desarrollando en mi corazón desde que estaba en el colegio secundario. Yo era el *quarterback* inicial y base en el equipo de básquetbol y con frecuencia me pedían que me postulara como candidato para cargos del cuerpo estudiantil. A los dos meses de comenzar una relación personal con Jesús a la edad de dieciséis años, estaba liderando un estudio bíblico con mi hermano. Me atraía el liderazgo, pero no sabía cómo ser un líder.

Sin embargo, una serie de gente fiel me ayudó a aprender cómo liderar y luego cómo entender los principios de liderazgo de una forma simple como para que otros pudieran aplicarlos. Mi hermano Jim fue mi primer catalizador.

Jim, tú nunca sabrás cuánta confianza obtuve cuando me dijiste en el colegio secundario que era apasionante jugar cuando yo era el *quarterback*. Probablemente, tampoco podrás completamente apreciar la manera en que liderar un estudio bíblico contigo trazó el camino para el resto de mi vida en el ministerio.

El conocer a Pam en una conferencia de ministerio en la universidad fue un mejor paso hacia el liderazgo del que me imaginaba. Pam, tú eres una de las líderes más eficaces e incansables que he conocido jamás. Tu constante ejemplo de invertir en los demás y de liderar el esfuerzo para ayudar a que la gente crezca es un fuente constante de inspiración para mí.

Jack Peacock y el grupo de liderazgo de Calvary Bible Church en Bakersfield, California, vieron potencial en mí desde un principio. Gracias señores por invertir en un pastor joven e idealista que cometió su cuota de errores mientras trataba de entender lo que significaba liderar con responsabilidad.

Tengo una deuda eterna por la inversión hecha por Jim Conway en mi vida. Jim, todavía no estoy seguro de qué fue lo que viste en mí que te llevó a dedicarle tiempo todas las semanas durante cuatro años a mi crecimiento, pero estoy extremadamente agradecido por ello. Aprendí cómo aplicar las aptitudes, actitudes y técnicas para tomar decisiones que había leído acerca de ti. No puedo imaginarme lo que hubiera sido mi vida sin tu contribución.

Deseo agradecer a Bob Hawkins y todo el personal de Harvest House Publishers. Bob, me encanta reírme contigo mientras soñamos cómo hacer una verdadera diferencia en nuestro mundo. Tu personal es una original colección de profesionales dedicados y maduros que no han perdido el idealismo que proviene de la fe en un gran Dios.

Deseo extender agradecimientos especiales a Rod Morris, que hizo una labor experta corrigiendo el manuscrito. Rod, gracias por aclarar mis palabras, eliminar historias que eran interesantes pero no relevantes, y por mantener la integridad del mensaje. Este libro va a ayudar a mucha más gente gracias a tu contribución. Además me has convertido en un aficionado de Kansas State. Algún día los veremos jugar para un campeonato nacional.

Por último, deseo agradecerte a ti, mi Salvador, Jesucristo. Tú me encontraste cuando yo tenía dieciséis años en una mullida butaca de un cine y me has llevado por un apasionante camino desde entonces. Es emocionante ser parte de esta sociedad notablemente desigual.

INTRODUCCIÓN
EL LIDERAZGO ES USTED

Recientemente, estaba yo conversando con un joven que me recordó la importancia del liderazgo. Él jugaba al fútbol en la misma universidad que uno de mis hijos. Le pregunté cómo se había decidido a concurrir a esa universidad en particular.

"Cuando visité la universidad por primera vez, todo tenía que ver con el fútbol, pero luego me llamó la atención la vida de los entrenadores. Me impactó verdaderamente la manera en que trataban a sus esposas y les hablaban a sus hijos. Yo deseaba saber si estos hombres eran así de verdad.

"Aún me asombra que el coordinador de la defensa nos invita a su casa los domingos para estar con él y su familia. Tiene un buen matrimonio y una excelente relación con sus hijos. Vive en una casa muy linda. Tiene una buena vida y he visto en él lo que quiero para mi vida.

Era un ejemplo más de la razón por la que Dios nos llama a liderar. Este joven provenía de un hogar quebrantado. Él respeta a su mamá que es muy trabajadora y tiene una conexión leal con su hermana, pero su papá no está presente. Él desea una carrera sólida, un matrimonio satisfactorio y una familia exitosa, pero no tiene un modelo coherente masculino al cual seguir. Es para personas como él que la Biblia nos desafía a "que los creyentes vean en ti un ejemplo a seguir en la manera de hablar, en la conducta, y en amor, fe y pureza" (1 Timoteo 4:12). Él encontró inspiración y confianza en los líderes que lo ayudaron a lo largo del camino.

MI LISTA

Todos podemos describir el camino que recorremos por los líderes que nos han impactado.

En tercer grado, la señora Svoboda me enseñó que la matemática puede ser divertida. Enseñaba los conceptos de la matemática con energía y establecía varios juegos competitivos para ayudarnos a los que teníamos una aptitud natural a sobresalir en nuestro desarrollo. Fue la primera vez en mi vida que el aprendizaje me dio la misma sensación de aventura que la competencia atlética. Su influencia perduró hasta la universidad cuando decidí que la matemática sería algo viable y placentero para estudiar.

En quinto grado, me enviaron a la clase del señor Foladare. Tenía una pequeña malformación física debido a una enfermedad durante su niñez, pero eso jamás le impidió hacer lo que deseaba en su corazón. Enseñaba con tanta energía y entusiasmo que me daba ganas de estudiar. Durante el recreo, jugaba con nosotros al *softball*. A pesar de que sólo medía un metro setenta, él era el entrenador de un equipo de básquetbol de un club selecto que constantemente jugaba en campeonatos de competición. Él era duro, energético y había decidido que los obstáculos no lo detendrían. Amaba la literatura y nos leía libros con gestos, voces animadas y entusiasmo. A través de su influencia, comencé a pensar que los libros eran más que simples palabras sobre un papel y, a la larga, esto sembró en mí el deseo de escribir.

Ingresé al primer año del colegio secundario con expectativas e incertidumbre. Ese año, el entrenador Pitts comenzó la práctica de básquetbol con la afirmación: "Ustedes serán el equipo más duro y más trabajador de nuestra liga. Al cierre de la temporada es posible que acaben apreciándome u odiándome, pero serán los jugadores de básquetbol más determinados de aquí."

En ese momento, no estaba seguro de por qué me había llamado eso la atención. Sin embargo, sé que el tiempo que pasé con el entrenador Pitts me preparó mejor para las realidades de la vida. Cuando las cosas no funcionan como esperaba, puedo escuchar su voz: "Puedes esforzarte todavía un poco más." Cuando estoy cansado de las responsabilidades de la vida, puedo escuchar su voz: "Eres fuerte. Tú puedes hacerlo." Cuando los dolores propios de la vejez me tientan a abandonar la lucha, puedo escuchar su voz: "El dolor no detiene a los que desean hacer la mejor tarea posible."

El entrenador Howell era un entrenador de fútbol del colegio secundario de la talla de Paul "Bear" Bryant. No era la persona más simpática del mundo, pero sabía cómo ganar. Me enseñó que el éxito no es sólo una cuestión de talento. Es mantener disciplina en medio de la adversidad. Es ajustar los desafíos con la mirada puesta en los objetivos y cultivando una mentalidad de confianza en que vamos a tener éxito aún a pesar de las fuerzas que se nos oponen.

El pastor Jack Peacock me enseñó el poder de establecer auténticos contactos con los demás. Tenía la asombrosa habilidad de conectarse con hombres rudos. Los policías tenían un respeto natural por él. Los bomberos lo consideraban un amigo. Tanto los cazadores como los propietarios de empresas se sentían cómodos con él. No era el organizador más talentoso del mundo y el concurrir a conferencias de liderazgo elevaba su nivel de estrés. Sin embargo, podía relacionarse con hombres de verdad en medio de sus vidas reales. Era también uno de los predicadores más talentosos en cuanto a los llamados al altar. Cada uno de sus sermones terminaba con un llamado a entregarse. Esto motivaba a cientos de personas año tras año a confiar en Cristo como su Salvador.

Bob Bell era un líder empresarial que yo observaba a la distancia. Estaba extremadamente ocupado con su carrera y familia, de modo que no disponía de demasiado tiempo libre para los demás, pero la manera en que manejaba su vida y su empresa me resultaba muy atractiva. Uno de sus socios me dijo una vez: “Bob estaba a cargo de investigar los informes de seguridad en nuestra compañía. Era siempre muy severo, pero siempre justo. Siempre supimos que cuando Bob llegaba a una conclusión, sería algo que había investigado cuidadosamente y que sería justo con todas las personas involucradas.” El observar a Bob me dio confianza en que se pueden tomar decisiones difíciles sin destruir las relaciones.

Jim Conway me convenció de que era posible tener un ministerio con todas las de la ley y criar una familia sana al mismo tiempo. Jim era profesor del seminario, autor, orador y un devoto hombre de familia. Tenía una excelente relación con su esposa. Sus hijas hablaban de él con la mayor admiración. A pesar de su difícil niñez, era positivo, vigoroso y ambicioso. Cuando la mayoría de la gente me decía que tenía que reducir la velocidad, él me decía que yo podía vivir a un paso acelerado siempre y cuando lo hiciera con intención y destreza.

Podría seguir contándole la historia de mi vida con relatos de cómo me formaron mis maestros, líderes ministeriales, entrenadores, ejecutivos empresariales y talentosos líderes de familia. Dada la oportunidad, creo que usted podría hacer lo mismo. Usted ha desarrollado su vocabulario mediante la interacción con los líderes que respeta. Ha definido sus deseos con aportes de aquellas personas que han influido en usted. Le ha dado forma a su pensamiento contrastándolo con las opiniones y reacciones de las personas que admira. Ha descubierto sus áreas de efectividad emulando a aquellos que han hecho una diferencia en su vida.

Antes de ir más lejos, haga una lista de los líderes que han ayudado a darle forma a sus actitudes, decisiones y convicciones.

LA PROMESA

Sospecho que usted también está en la lista de alguna persona. Usted dijo algo en el momento justo, hizo algo en un momento estratégico o estuvo involucrado durante una fase importante del desarrollo de alguien. Lo citarán por el resto de su vida. Lo recordarán por su influencia, su ejemplo y su carácter. La gente se preguntará: "¿Qué haría o diría [coloque su nombre] en esta situación?" Como líderes, deseamos tener la suficiente confianza como para decir: "Imítenme a mí, como yo imito a Cristo" (1 Corintios 11:1).

Es por eso que estoy compartiendo mis pensamientos sobre el liderazgo en este libro. Dado que la gente está observando y tomando decisiones basadas en lo que ven en nosotros, tiene sentido que seamos cuidadosos en nuestro desarrollo personal. A medida que vaya elaborando este material, usted tendrá el desafío de crecer en varias áreas diferentes, incluyendo:

El carácter personal

La perspectiva bíblica del liderazgo es que su influencia es una extensión de quién usted es, no sólo de lo que hace. Jesús les dijo a sus seguidores: "Yo soy la vid y ustedes son las ramas. El que permanece en mí, como yo en él, dará mucho fruto; separados de mí no pueden ustedes hacer nada" (Juan 15:5). Él percibía la influencia como un fruto que desarrollamos en nuestra vida mediante una conexión sana con él. En otro contexto, Jesús dijo: "Por sus frutos los conocerán... todo árbol bueno da fruto bueno, pero el árbol malo da fruto malo" (Mateo 7:16-17). La influencia de nuestro liderazgo es evidencia de la persona en la que nos hemos convertido.

Pablo recoge ese mismo tema en la lista de cualidades de los líderes de la iglesia: "Al contrario, [el anciano] debe ser hospitalario, amigo del bien, sensato, justo, santo y disciplinado. Debe apegarse a la palabra fiel, según la enseñanza que recibió, de modo que también pueda exhortar a otros con la sana doctrina y refutar a los que se opongan" (Tito 1:8-9). Para Pablo, el liderazgo espiritual no era sólo una actividad. Era un compromiso de vivir el mensaje que representamos. En 1 Timoteo 3:5, hizo la siguiente penetrante pregunta: "Porque el que no sabe gobernar su propia familia, ¿cómo podrá cuidar de la iglesia de Dios?"

Aquellos de nosotros que deseamos liderar de una manera que honre a Dios y cumpla con su propósito debemos aceptar que nuestro liderazgo es una extensión de nuestro carácter. Como dice Howard Hendricks: "No podemos transmitir lo que no poseemos."

La solución de problemas

Si la gente funcionara a pleno y el mundo cooperara, los líderes no serían necesarios. Usted va a enfrentar problemas y tendrá que superar desafíos con regularidad. De hecho, la gente que siga su liderazgo va a asumir que usted tiene la habilidad de guiarlos hacia soluciones eficaces. Si nos apuramos en nuestros diagnósticos y actuamos de acuerdo a conclusiones desacertadas, sólo vamos a confundir a los que intentamos liderar.

> Durante más de 20 años, el profesor Edwin R. Keedy de la Facultad de Abogacía de la Universidad de Pennsylvania solía comenzar su primera clase colocando dos cifras en el pizarrón: 4 2. Luego preguntaba: "¿Cuál es la solución?"

> Un estudiante decía en voz alta: "Seis."
>
> Otro decía: "Dos."
>
> Luego varios gritaban "¡Ocho!"
>
> Pero el profesor sacudía la cabeza en señal de negación. Luego Keedy les señalaba su error colectivo. "Ninguno de ustedes ha hecho la pregunta clave: ¿Cuál es el problema? Señores, a menos que sepan cuál es el problema, no podrán encontrar la respuesta."
>
> Este profesor sabía que tanto en la ley como en la vida diaria, pasamos demasiado tiempo intentando resolver el problema equivocado. Es como pulir el bronce de un barco que se está hundiendo.[1]

Si, por otra parte, aprendemos a evaluar nuestro medio ambiente con destreza y nos capacitamos para descubrir soluciones creativas, ayudaremos a los demás a encontrar nuevos caminos hacia el éxito. Gregory E. Covey, líder de un escuadrón durante un programa de entrenamiento de infantes de marina, describe cómo el intentar algo diferente llevó a su equipo hacia el éxito.

> Nuestra misión era tomar un pequeño pueblo que estaba en manos del enemigo (varios instructores militares muy capacitados) con el máximo objetivo de tomar la colina al otro lado de los bosques adyacentes.

> Todos los que lo habían intentado antes que nosotros habían fracasado. Mi escuadrón logró cumplir la primera misión del día con éxito. Y esto se debió al hecho de que yo alteré el plan. No seguí las normas seguidas por los otros escuadrones que nos habían antecedido. Comprendí que todos habían fracasado hasta ese momento. Así que, ¿por qué no probar algo diferente?
>
> Así lo hicimos. Nos acercamos al pueblo desde una dirección completamente diferente, sorprendiendo así a los instructores militares. Hicimos lo mismo con la colina que teníamos que tomar. En esa instancia, fuimos alrededor de la colina y subimos por la parte posterior. El comandante a cargo de la operación nos premió por ser innovadores y creativos.[2]

Las habilidades prácticas

El liderazgo incluye motivar, organizar, perfeccionar y coordinar los esfuerzos de una diversidad de personas para un objetivo común. Hay egos que manejar, desacuerdos que mediar, agendas que encaminar y talentos que sincronizar. Si poseemos habilidades que igualan al reto, nuestro trayecto puede ser gratificante. Los líderes altamente eficaces comprenden que el éxito de hoy está basado en la preparación de ayer. Al capacitar a Timoteo para su rol como líder, Pablo lo desafía: "Sé diligente en estos asuntos; entrégate de lleno a ellos, de modo que todos puedan ver que estás progresando. Ten cuidado de tu conducta y de tu enseñanza. Persevera en todo ello, porque así te salvarás a ti mismo y a los que te escuchen" (1 Timoteo 4:15-16). Abraham Lincoln lo dijo de la siguiente manera: "Denme seis horas para derribar un árbol y me pasaré las primeras cuatro afilando el hacha."[3]

Como líder del movimiento de los derechos civiles, Martin Luther King Jr. demostró el poder de la no violencia. Jesús desafió a sus seguidores: "Si alguien te pega en una mejilla, vuélvele también la otra" (Lucas 6:29). Gandhi incorporó este principio en un sistema de resistencia basado en la no violencia y la ausencia de odio, que el doctor King describió como "el único método moral y prácticamente sensato abierto a las personas oprimidas en su lucha por la libertad".[4] A medida que aplicaba habilidosamente esas técnicas, el movimiento avanzó de manera dramática, incluyendo la revuelta del autobús de Montgomery que involucró a Rosa Parks y la marcha en Washington donde King pronunció su épico discurso de "Yo tengo un sueño."

Sin embargo, si no tenemos habilidades sólidas de liderazgo, nuestros esfuerzos se convierten en algo ineficaz y confuso. Lincoln también afirmó: "Es mejor permanecer en silencio y que nos consideren unos tontos que abrir la boca y eliminar todas las dudas."[5] Considera la frustración de todos los participantes del siguiente relato:

> Un hombre en un globo aerostático estaba perdido. Vio a un hombre en la tierra y redujo la altura para hablar con él.
>
> —Discúlpeme, ¿podría decirme dónde estoy?

—Usted está en un globo aerostáticos flotando a treinta pies de altura sobre este terreno.

—Usted debe trabajar en tecnología de información —dijo el hombre en el globo.
—Así es —dijo el hombre—. ¿Cómo lo supo?
—Bueno —dijo el hombre en el globo—, todo lo que me dijo es técnicamente correcto, pero no le sirve a nadie.

—Usted debe estar en el mismo negocio —dijo el hombre.

—Lo estoy —dijo el hombre en el globo—. ¿Cómo lo supo?

—Bueno, usted no sabe dónde está, no sabe hacia dónde se dirige, pero espera que yo lo pueda ayudar. Usted está en la misma posición en la que estaba antes de conocernos, pero ahora la culpa es mía.[6]

EL TALENTO REQUIERE DIRECCIÓN

Una rápida mirada a nuestro alrededor revela una necesidad constante de liderazgo. A veces, debido al hecho de que la gente tiene talentos que son poderosos y persistentes. Tienen exactamente el mismo potencial para perder el control y ocasionar problemas que para mejorar su vida. Recientemente, eché una mirada a mi mundo y encontré las siguientes personas talentosas:

- Recientemente, un joven descubrió que tenía una gran pasión y entendimiento para los negocios. Con la experiencia, había descubierto que los pasos para hacer avanzar su compañía le resultaban sorprendentemente claros. Como resultado, comenzó a impacientarse con los otros miembros de su compañía que cuestionaban sus órdenes y detenían el proceso. Me sorprendió cuando me dijo: "Si no aprendo a ser más paciente con la gente, pienso que voy a perder las mejores oportunidades de mi vida."
- Un amigo mío misionero que estaba de visita puso al corriente a los diferentes grupos que apoyaban su ministerio. Durante sus seis años en Colombia, dos mil personas habían profesado su fe en Cristo. Resulta que muchos de los miembros de su congregación son talentosos evangelizadores, pero un conflicto se está generando en torno al mejor método para presentar el mensaje. Mi amigo estaba buscando asesoramiento sobre cómo manejar estas fuertes opiniones para evitar que un conflicto interrumpiera la verdadera obra de evangelización.
- Una joven mamá con un corazón compasivo está criando un hijo con un corazón misericordioso. Conversamos sobre las diversas maneras de ayudar a su hijo desarrollar discernimiento de cómo ayudar verdaderamente a la gente. Ambos ven fácilmente las necesidades a su alrededor, pero ambos se sienten abrumados cuando tratan de descubrir qué hacer al respecto.

- Un amigo mío tiene pasión por la buena comida y se pasa horas preparando carne asada cocinándola a la perfección. Me preguntó si podíamos tener un estudio bíblico en su casa para poder compartir su don con nosotros. Estábamos entusiasmados con la oferta, pero nuestra frustración comenzó a acrecentarse cuando vimos que el entusiasmo de mi amigo por la comida amenazaba eliminar el tiempo para el estudio en sí. Fue necesaria una sensible mediación para frenar su entusiasmo y ayudar a los otros miembros del grupo a adaptarse para alentar sus esfuerzos.

Cuando la gente talentosa opera a solas, no se necesita ninguna organización. Cuando combinamos talentos para alcanzar una meta más amplia, la organización se convierte en un esencial eslabón para alcanzar el éxito. Todas las personas involucradas van a sentir que su enfoque es el mejor, de modo que alguien tiene que coordinar los esfuerzos en un sistema cohesivo.

LAS DEFICIENCIAS REQUIEREN CAPACITACIÓN

En otros momentos, necesitamos liderazgo debido a las deficiencias en la vida de las personas. "Todos andábamos perdidos, como ovejas; cada uno seguía su propio camino" (Isaías 53:6). En un sentido eterno, la muerte de Jesús fue necesaria para rectificar la situación. En cuanto a la cooperación humana, necesitamos un liderazgo habilidoso para alcanzar las metas, ya que todos los que están involucrados tienen defectos.

Recientemente, conocí a un herrador (alguien que le coloca herraduras a los caballos). Sospeché que tenía algunas buenas historias para contarme. No me decepcionó cuando compartió el siguiente relato sobre cómo superar las dificultades en los demás. A pesar de que el "otro" en este caso no era un ser humano, su historia ilustra cómo puede un liderazgo eficaz alcanzar objetivos a pesar de las deficiencias de los que son liderados.

"Me pidieron que le pusiera herraduras a una mula particularmente terca. Cuando me acerqué al animal por primera vez, la mula salió corriendo y se alejó lo suficiente como para expresar su desafío. Probé todas las tretas usuales para crear una relación entre nosotros sin ningún éxito. De modo que sabía que, de alguna manera, tendría que ser más astuto que la mula.

"El sentido más agudo de las mulas es el olfato, de modo que después que logré enlazarla, tomé una camiseta sucia del lavadero, se la puse en la cabeza y le saqué las orejas por el agujero de las mangas. Deseaba que estuviera consciente de mí mientras la preparaba para la siguiente lección. Até un extremo de una soga de cincuenta pies a cada una de sus patas delanteras y até el otro extremo a un roble. Una vez que me aseguré de que la soga estaba bien atada, le saqué la camiseta de la cabeza y desaté la soga que tenía alrededor del cuello.

"La mula me miró y luego, desafiante, se puso a correr. Una vez que la soga alcanzó su máxima extensión, le grité: "¡Hala!" La mula perdió el equilibrio y se cayó al suelo. Se levantó, resopló y me miró como diciendo: "¿Cómo hiciste eso?"

"Sin embargo, todavía no estaba lista a rendirse, de modo que comenzó a correr en la dirección opuesta. Otra vez más, al extenderse la soga, le grité: "¡Hala!" Nuevamente, perdió el equilibrio y se derrumbó al suelo. Esta vez, al ponerse de pie, me miró con respeto. No estaba segura de cómo había podido hacer lo que hice, pero se dio cuenta de que era mejor obedecer."

Nos reímos juntos y luego le pregunté: "¿Qué haría con una mula que se niega rotundamente a cooperar? ¿Decidiría no colocarle las herraduras?"

Simplemente me dijo: "No puede uno hacer eso. A veces es imposible, pero de una manera u otra hay que hacerlo. Uno insiste hasta que descubre cómo hacer lo imposible." Su declaración me hizo pensar en Eclesiastés 8:5-6:

> El que acata sus órdenes no sufrirá daño alguno. El corazón sabio sabe cuándo y cómo acatarlas. En realidad, para todo lo que se hace hay un cuándo y un cómo, aunque el hombre tiene en su contra un gran problema

CADA LÍDER CUENTA

Todo lo que Dios hace en la tierra, lo hace con la ayuda de líderes. Todos los grandes movimientos en la historia han sido encabezados por un líder. Hasta el elemento más personal de la sociedad (la familia) gira alrededor del liderazgo de mamá y papá. Todas las expresiones locales del amor y la verdad de Dios están guiadas por los líderes de la iglesia. Cada empresa, grande o pequeña, funciona según las elecciones y el talento de sus líderes. Los líderes están en todas partes y la necesidad que tenemos de ellos es imposible de sobrestimar. La mitad de los libros en la Biblia contienen el concepto de *liderazgo* y todos en la iglesia están llamados a lo siguiente: "Acuérdense de sus dirigentes, que les comunicaron la palabra de Dios. Consideren cuál fue el resultado de su estilo de vida, e imiten su fe" (Hebreos 13:7).

Bienvenido al desafío y privilegio del liderazgo. Que pueda encontrar nuevo vigor a medida que estudia los principios en este libro y acrecienta su capacidad de liderar a los demás.

1

DECIDA SER UN LÍDER

Usted nació para ser un líder. No importa quién sea, no importa en qué familia haya nacido, no importa en qué orden de nacimiento se encuentre y no importan los talentos naturales que tenga o no, usted es un líder. Su ámbito de influencia puede ser amplio o pequeño, pero usted es un líder. Tal vez influya a un puñado de gente en su vida o les dé dirección a grandes organizaciones. De una manera u otra, usted es un líder. Entre sus amigos, usted es de alguna manera un líder. Si está casado, usted es un líder. Si tiene hijos, usted es un líder.

Cada ámbito de la vida necesita líderes. Cada grupo de gente reúne diversos intereses, actitudes y agendas. Sin liderazgo, las imperfecciones en los corazones de estos individuos, que en otras circunstancias estarían dedicados los unos a los otros, crean caos, sentimientos heridos y discordia. Dios lo ha provisto a usted como un líder, ya sea que lo llamemos padre, madre, entrenador, director, gerente, CEO o mentor, para aprovechar el potencial y minimizar las heridas cuando estos talentosos individuos combinan sus esfuerzos.

ÉCHELE UN VISTAZO A SU NIÑEZ

Que usted sea un líder no es un acto fortuito. Dios ha estado construyendo su lugar de influencia desde que usted nació. Para ayudar a determinar cuál es su lugar de influencia y el ámbito de su liderazgo, mire las señales durante el transcurso de su vida que apuntan a lo que Dios ha estado haciendo en su vida. Cuando lea la Biblia, usted se encontrará con mucha gente influyente que ha recorrido diferentes caminos para alcanzar sus objetivos.

Jacob, que sería el patriarca de las doce tribus de Israel, parece haber sido un manipulador por naturaleza. "Ya en el seno materno suplantó a su hermano" (Oseas 12:3), le robó a su hermano sus derechos como hijo mayor (Génesis 25:29-34) y tuvo que luchar con Dios para ablandar su corazón (Génesis 32:22-32). Antes de que naciera, Jeremías fue elegido y nombrado "profeta para las naciones" (Jeremías 1:5). Esto suena muy noble y apasionante excepto que su ministerio era difícil. En sus propias palabras, Jeremías dijo: "¿Por qué tuve que salir del vientre sólo para ver problemas y aflicción, y para terminar mis días en vergüenza?" (Jeremías 20:18). Fares tuvo la desgracia de nacer de padres escandalosos, Judá y Tamar, pero su genealogía conduce al nacimiento del rey David (Génesis 38:27-30; Rut 4:18-22). Juan el Bautista sería "lleno del Espíritu Santo aun desde su nacimiento" (Lucas 1:15). Un hombre anónimo nació físicamente cojo y vivió así durante años antes de conocer a Pedro y Juan, quienes lo sanaron resultando esto en gran alabanza y asombro (Hechos 3:1-10). Timoteo se crió en un hogar espiritualmente dedicado, de modo que fue alentado con las siguientes palabras: "Permanece firme en lo que has aprendido y de lo cual estás convencido, pues sabes de quiénes lo aprendiste. Desde tu niñez conoces las Sagradas Escrituras, que pueden darte la sabiduría necesaria para la salvación mediante la fe en Cristo Jesús" (2 Timoteo 3:14-15).

Las circunstancias son diferentes pero el principio es el mismo. Dios ha estado muy ocupado preparándonos para nuestro lugar de influencia durante toda nuestra vida.

Cuando le echo una mirada a mi vida, el liderazgo ya era parte de ella aún antes de que me diera cuenta de ello. Durante el recreo, me pedían a menudo que fuera el capitán del equipo a cargo de elegir los equipos. En el aula, me pedían con frecuencia que liderara el grupo de trabajo, por simples que fueran los proyectos. No lo reconocía como liderazgo. Sólo estaba feliz de formar parte de las cosas.

En sexto grado, me pidieron que fuera el maestro de ceremonias del programa escolar de Navidad. Presentaría el programa, manejaría las transiciones y haría anuncios estratégicos. Como parte del programa, me uní al coro de la escuela. Para mis responsabilidades como maestro de ceremonias, podía salir del coro para luego volver a unirme a él. Cuando comenzaron los ensayos, fue obvio que había un problema. Lo vi de inmediato en el rostro del director. Se veía preocupado. Podía darse cuenta de que el coro estaba desentonando, pero no entendía el porqué. Resulta que era yo. Estaba cantando desentonado con mucho entusiasmo. Cantaba lo suficientemente fuerte como para arrastrar a los que me rodeaban y la ola se había expandido desde allí a todo el coro.

Aún no entiendo bien por qué, pero el director decidió dejarme en el coro. Sin embargo, me dijo que simulara cantar sin hacerlo. En el momento correcto, dejaba el coro para cada transición y hacía mis anuncios desde el podio. Nadie en la audiencia supo jamás que yo sólo estaba fingiendo cantar. Tengo que pensar que el director me dejó en el coro porque era una buena decisión de liderazgo que ayudó al avance del programa.

No tenía lógica que yo estuviera en el coro. Ni sabía lo que significaba cantar entonado, y no era por falta de entrenamiento. Mi mamá era una cantante talentosa que tenía un oído natural para la música. Mi hermana también tenía buen oído para la música, lo cual la motivaba a cantar regularmente en los coros del colegio. Mi papá, mi hermano y yo éramos una historia diferente. Escuchábamos la radio y cantábamos con entusiasmo, pero ninguno de nosotros podía decir cuál era la diferencia entre un bemol y un sostenido. Aparentemente, el gen musical en la familia había sido neutralizado por el cromosoma Y.[7]

Sin embargo, fue un momento importante en el desarrollo de mi liderazgo. A los doce años, yo no era lo suficientemente sabio como para saber qué es lo que significaba eso, pero a menudo he reflexionado sobre esa experiencia y me he dado cuenta de que mi lugar en el liderazgo incluye actividades en el escenario y dirigir a la gente. También me di cuenta de que mi lugar no incluye actuaciones musicales. Me ha ayudado a darme cuenta de que cuando tratamos de encontrar nuestros lugares de influencia, lo que nos negamos a hacer es tan importante como lo que aceptamos.

¿QUÉ NOS PIDEN LOS DEMÁS?

El siguiente paso en mi descubrimiento fue darme cuenta vagamente de que la gente me pedía consejos. Yo me consideraba un estudiante secundario común y corriente que tenía para ofrecer lo mismo que mis pares. Por eso me resultaba extraño que mis amigos me preguntaran con regularidad si podían hablar conmigo. A veces me pedían que los ayudara a hacer sus deberes. A veces deseaban saber cuál era mi perspectiva en cuanto a un problema de relaciones. Otras veces, deseaban hablar sobre sus frustraciones con sus padres. Yo no entendía por qué me preguntaban a mí, pero me parecía importante hablar con ellos.

Mirando hacia atrás, entiendo ahora que este era el siguiente paso en mi trayecto como líder. Dios me estaba dando un anticipo de lo que habría de venir. Por cierto, yo no poseía la sabiduría, experiencia o capacitación para dar un consejo acreditado o para guiar a los demás con habilidad en las decisiones más importantes de su vida, pero Dios tenía que comenzar en alguna parte. A medida que más y más gente me hacía preguntas, yo no podía ignorar la sensación de que esto era parte de lo que yo estaba creado a hacer.

Cuando mira hacia su niñez, ¿qué señales puede identificar que ayudan a revelar el diseño de Dios para su liderazgo?

EXAMINE SU EXPERIENCIA

De muchas maneras, todos somos iguales. En términos generales, todos nacimos en una familia, crecimos con amigos y tuvimos algún tipo de experiencia educativa y laboral. Sin embargo, en los detalles somos todos únicos. Hemos tenido una serie de experiencias que crean recuerdos y nos obligan a desarrollar habilidades para ajustarnos a nuestra situación en particular.

Cuando llegó el momento de elegir cuál sería el tema para mi título de posgrado, pensé en mi historia y la experiencia acumulada de ayudar a la gente. Tuvo sentido buscar un título que se concentrara en ayudar a los demás. Decidí que todas mis clases electivas durante el seminario tendrían que ver con la consejería pastoral. Deseaba aprender todo lo posible sobre el crecimiento personal de la gente, las relaciones vitales y los obstáculos que entorpecen una vida saludable. Dado que la gente tenía la tendencia de pedirme ayuda, deseaba estar lo más capacitado posible para guiarlos.

EL GRAN MOMENTO

Pero la experiencia que cambió para siempre el curso de mi vida tuvo lugar cuando yo tenía dieciséis años. Yo era independiente y competitivo y estaba convencido de que uno puede enfrentar cualquier desafío si tiene valentía y talento. Cuando mi mejor amigo me invitó a pasar la noche en su casa para que su padre pudiera llevarnos a ver una película que acababan de estrenar llamada *El exorcista*, honestamente pensé que no tendría problema con ella. Esperaba que los efectos especiales me conmocionarían un poco, pero luego sabía que me tomaría en broma el impacto de la película. Sería un desafío más que superar. Sin embargo, había escuchado que la película estaba basada en un hecho real. Ese pensamiento me daba vueltas en la mente mientras la miraba. En un momento, me asaltó el pensamiento: *No veo que yo y la chica que está en la pantalla seamos diferentes. Sé que Hollywood ha exagerado esto, pero si algo así podría ocurrirle a ella, ¿qué es lo que impediría que me ocurriera a mí?*

No le encontré respuesta a esta pregunta.

Mi familia no concurría a la iglesia y no teníamos amigos de la familia, de modo que no había nadie a quien acudir con la pregunta. Sin embargo, teníamos una Biblia en mi casa. No estoy seguro si la habíamos abierto alguna vez, pero estaba en la casa. Comencé a leerla todas las noches antes de irme a la cama. También comencé a sostenerla en mis manos cuando me iba a dormir, porque había visto películas de vampiros y tenía la esperanza de que la Palabra de Dios me daría protección de la misma manera que una cruz mantenía a las criaturas de la noche alejadas de sus potenciales víctimas. Fue una época horrible. Todas las noches, me despertaba de cinco o seis veces con miedo. Leía la Biblia hasta que me calmaba y volvía a mi sueño intermitente.

Después de un mes de esto, me topé con 1 Juan 4:4 que decía que "el que está en ustedes es más poderoso que el que está en el mundo". Se encendió la luz en mi alma. Sentí la necesidad de hacer algo, pero no sabía cómo hacer lo que mi alma me convocaba a hacer. Afortunadamente, mi hermano había comenzado una relación personal con Jesús un par de meses antes.

Le pregunté: "Jim, ¿sabes cómo hacer para que Jesús esté en tu vida, como dice 1 Juan 4:4"?

—Sí, lo sé —me dijo—, hace un par de meses le pedí que viviera en mí. Comienza por admitir que necesitas un Salvador porque, por tus propios medios, no puedes ganarte la vida eterna. Además, reconoce que murió en la cruz para pagar por tus errores. Luego, sinceramente pídele que viva en ti, que te perdone tus pecados, que te dé el don de la vida eterna y pídele que te convierta en la persona que él sabe que puedes ser.

Eran buenas noticias. Era como comenzar una nueva amistad con enormes beneficios. Yo estaba tan preocupado por encontrar paz en medio de mi tumulto personal que no pude ver la lección de liderazgo en lo que hizo mi hermano. Él era el líder apropiado en mi vida para ayudarme en el momento exacto a tomar el siguiente paso. Yo tenía una necesidad, pero él tenía el plan que satisfaría esa necesidad. Yo estaba motivado a hacer algo, pero no sabía qué. Dado que mi hermano tuvo el convencimiento, interés y comprensión para llevarme hacia donde deseaba ir, se convirtió en una persona de gran influencia en la primera época de mi trayecto espiritual.

Sin ninguna duda, el conocer a Jesús fue el hecho más apasionante de mi vida. Antes de esa noche fatídica en la que le pedí a Jesús que viviera en mí, yo recurría a la insensibilidad para protegerme de la conducta irracional en mi casa. Sin embargo, Jesús no me permitiría vivir entumecido. De repente, nació en mí un deseo insaciable de aprender. Un impulso inexplicable de conectarme con otras personas que también conocieran a Jesús comenzó a dominar mi vida. Mi hermano y yo no teníamos permiso para ir a la iglesia porque mi mamá tenía miedo de la gente, de modo que la iglesia no era una opción. Pero logramos ir unas pocas veces y escuchamos que teníamos que estudiar la Biblia. No estábamos demasiado seguros de lo que eso significaba, pero sabíamos que teníamos que hacerlo.

PONGA EN MARCHA SUS IDEAS

Sin darnos cuenta de ello, estábamos siendo expuestos a otra característica de los líderes: *los líderes ponen en marcha sus ideas.* Reconocimos la importancia del llamado a estudiar la Palabra de Dios, de modo que reunimos tres de nuestros amigos para hacer todo lo posible para entender la Biblia. Mi hermano abrió la velada compartiendo lo que había aprendido esa semana en su lectura personal de las Escrituras. Luego uno detrás de otro compartimos lo que habíamos aprendido durante nuestra propia lectura. Fui el último en compartir y, honestamente, no sabía qué debíamos hacer cuando terminamos.

Uno de nosotros sugirió que oráramos, de modo que eso fue lo que hicimos. Durante nuestro rato de oración, todos estuvimos de acuerdo: "Jesús, esto ha sido maravilloso esta noche. ¿Podrías duplicar por favor el tamaño del grupo?" No teníamos idea de que Dios respondería a esa oración la semana siguiente cuando vinieron diez estudiantes. Estábamos asombrados, así que volvimos a orar exactamente lo mismo. Y la semana siguiente, veinte alumnos del colegio secundario concurrieron seguidos por cuarenta más la semana después. A esa altura, oramos: "Jesús, no sabemos dónde vamos a meter a todos si esto se sigue duplicando, así que decide tú cuán grande habrá de ser el grupo. Nosotros vendremos todas las semanas para compartir lo que hemos aprendido. Tú decides quién vendrá."

El grupo creció hasta que fuimos sesenta estudiantes y nunca se convirtió en nada más sofisticado que cada uno compartiendo lo que Dios le había enseñado esa semana. En ese momento no nos parecía que era gran cosa ya que sólo se trataba de hacer naturalmente lo siguiente. Satisfacía una necesidad tan grande en mi vida que sólo casualmente reconocí sus implicancias de liderazgo.

En el espacio a continuación, describa alguna idea que tenga para hacer que la vida sea mejor. ¿Qué acciones puede llevar a cabo para ver si esa idea es algo que Dios va a bendecir?

PRIORICE LAS NECESIDADES QUE PERCIBE

Mirando hacia el pasado, puedo ver que Dios estaba orquestando circunstancias en nuestra vida para prepararnos para el camino de liderazgo que había planificado para nosotros. Los líderes perciben necesidades y establecen prioridades para determinar cuáles son las que requieren atención. Los líderes establecen límites para que ellos y sus equipos puedan ser lo más eficaces posible. Los líderes crean un ambiente en el que la gente puede crecer. Los líderes cristianos están potenciados por el Espíritu Santo para tomar decisiones. A veces, ellos tienen un desempeño que va mucho más allá de su capacitación y experiencia debido a la asociación activa que tienen con el Espíritu Santo. Mi hermano y yo éramos demasiado jóvenes y sin experiencia como para guiar la clase de impulso que generaba nuestro grupo de estudio bíblico, pero vimos cómo la obra del Espíritu de Dios convirtió al grupo en una colección vibrante, desafiante y estimulante de individuos con ideas afines.

Mi participación en este estudio bíblico en el campus durante el colegio secundario me llevó naturalmente a participar en lo mismo en la universidad donde aprendí el siguiente paso en mi trayecto de liderazgo. Tuve la oportunidad de llevar a dos jóvenes a depositar su confianza en Jesús como su Salvador. Como respuesta, les pregunté si les gustaría formar un grupo de discipulado donde les enseñaría lo que sabía acerca de tener una relación con Jesús. Ambos me dijeron que sí y esto terminó siendo un hecho importante en mi vida. Los vi crecer como hombres. Hablábamos de todo desde cómo leer la Biblia y orar, cómo relatar nuestra historia personal para el beneficio de los demás, como relacionarnos con muchachas jóvenes y cómo superar los patrones malsanos de las familia que amábamos.

Esto fue lo más satisfactorio que hice en mi vida. Yo era un estudiante de arquitectura y disfrutaba mucho de mis estudios, pero la arquitectura no me ofrecía la misma sensación de destino que generaba la actividad de discipulado en mi corazón. Yo crecí practicando deportes y me encantaba el ambiente competitivo, pero ninguna experiencia de atletismo tuvo jamás la misma sensación profunda de recompensa personal que sentía al ayudar a estos muchachos a crecer.

UNA BÚSQUEDA APASIONADA

En ese momento, no me di cuenta, pero estaba empezando a conocer la pasión del liderazgo. El liderar a otros es un desafío y puede ser a veces peligroso. Estamos desafiando a otros a ser más de lo que son hoy día. Hacemos que la gente se embarque en búsquedas que no lograrían concluir con éxito por sí misma. Desarrollamos equipos de gente que crean sinergia para importantes logros. Al hacerlo, nos vemos confrontados y desafiados por aquellos que estamos intentando ayudar. Cuando ocurre esto, únicamente la fuerza de nuestra dedicación a la visión puede mantener nuestra concentración y compromiso.

La habilidad de nuestra pasión por el liderazgo para superar las inseguridades en los demás ocurre consistentemente a un nivel corporativo. Recientemente, yo estaba hablando con mi hermano acerca de un colega en su trabajo que está rindiendo menos de lo esperado. Este compañero de trabajo tiene la misma autoridad que mi hermano, pero no tiene las habilidades necesarias para cumplir con las exigencias de su cargo. A menudo, viene a las reuniones y les pregunta a los otros directores: "¿Qué tendría que hacer con respecto a esto?" cuando "esto" está dentro de su área de responsabilidad. Es experto en encontrar excusas del porqué su departamento no pudo entregar a tiempo. Sus explicaciones suenan plausibles, pero los que conocen la situación saben que lo único que está haciendo es tratar de ganar tiempo. Algunos de los proyectos en los que trabaja mi hermano son gratificantes y personalmente satisfactorios. Para ellos, él tiene mucho vigor para resolver o ignorar la frustración que siente hacia su colega. Sin embargo, en los proyectos más tediosos, la falta de desempeño de su colega amenaza con agotar la energía de mi hermano y lo hace desear alejarse de su compañero y el proyecto.

Esta es la naturaleza de las empresas cuando los objetivos nobles se cruzan con una fuerza laboral imperfecta. Las empresas tienen que ser productivas para poder mantener la rentabilidad, lo cual crea el mandato que dirige nuestros esfuerzos como líderes. A medida que se emplean recursos humanos para alcanzar los resultados deseados, pronto se evidencia que cada recurso tiene imperfecciones. Algunas personas son orgullosas y resisten el aporte de los demás. Otros, por miedo, vacilan en actuar de acuerdo con su potencial. Y otros están estancados por sus propias inseguridades personales que les dan origen a excusas y justificaciones por su mal desempeño. Si nos concentramos en estas irritantes deficiencias de la gente, no podremos evitar sentirnos frustrados. Sin embargo, si podemos tratar de recordar con frecuencia la pasión que nos colocó en ese cargo, podremos liderar con vigor, determinación y estímulo.

Recuerdo la vez que pude entender esto con claridad. Decidí que mi profesión sería el ministerio porque es lo que amo. La gratificación de ayudar a que la gente crezca es estimulante. La responsabilidad de enseñar la Palabra de Dios es todo un privilegio. Como resultado, creo que la iglesia es la organización más importante de toda la tierra y quien administra el mensaje más importante sobre la tierra. Un convencimiento apasionado de ayudar a que las iglesias se fortalezcan guía mis pasos todos los días y creo firmemente que las iglesias tendrían que ser las organizaciones mejor manejadas y financiadas de la tierra. ¡El problema es que cada una de sus piezas está rota! "Todos han pecado y están privados de la gloria de Dios" (Romanos 3:23). La iglesia nunca será perfecta. Miembros importantes de la iglesia discutirán por temas ridículos y sin importancia. La gente se siente ofendida por asuntos que no tienen ningún valor. Otros sienten que tienen el derecho de participar en ministerios para los cuales son demasiado dogmáticos y no están bien preparados.

Cuando me concentro en la falibilidad de la gente, rápidamente puedo sentirme desalentado. No obstante, cuando me concentro en la dignidad de representar a nuestro Salvador, no parece importarme tanto. Deseo que la gente que está a mi cargo busque la excelencia, pero no me sorprenden sus defectos. Deseo una mayor aptitud, pero encuentro humor en el desarrollo inconstante de los que me rodean. Mi actitud se vigoriza cada vez que alguien comienza una relación con Cristo, encuentra nuevas esperanzas en su matrimonio o experimenta un adelanto en su crecimiento personal, porque me recuerdan la pasión que late en mi corazón.

LOS PADRES COMO LÍDERES

La necesidad de una pasión duradera para superar las deficiencias en la gente está constantemente a la vista en el nivel familiar también. Los niños necesitan padres que los guíen porque comienzan la vida sin ninguna experiencia, conocimiento y hay mucha "insensatez en sus corazones". El proceso del nacimiento y vinculación emocional les da a los padres una conexión profunda y emocional con sus hijos. Cuando ellos toman malas decisiones, tienen berrinches, reaccionan de una manera emocionalmente inmadura o luchan con áreas de crecimiento, los padres que están conectados tienen un infinito raudal de entrega para manejar esas situaciones. Después de todo, estos son sus hijos.

Sé que no tengo posibilidad alguna de ser objetivo respecto a mis propios hijos. Pienso que son brillantes, talentosos, llenos de potencial e increíblemente sabios. A la misma vez, tengo un interés particular en que no actúen como tontos. Deseo que tomen decisiones sanas y tengan amigos de calidad. Deseo que sean excelentes esposos y padres. Cuando estaban creciendo, yo me trataba de encarar cada problema en su vida que aparecía delante de mis ojos. De manera deliberada, los alejé de conductas infantiles hacia una madurez y piedad propia de hombres jóvenes.

Mi hijo mayor, Brock, tenía la costumbre de ser demasiado severo con él mismo. Cuando tenía cuatro años, escuché unos golpes incesantes en la puerta del garaje. Supuse que estaba tirando una pelota contra la puerta y, como me estaba comenzando a molestar, fui a decirle que dejara de hacerlo. Pero lo que vi me dejó helado.

Se estaba golpeando la cabeza contra la puerta, mientras decía: "Estúpido, estúpido, estúpido..."

—¿Qué estás haciendo, Brock? —le dije.

—No puedo meter el balón en la canasta. Soy tan estúpido.

Lo que él necesitaba en ese momento no era ni corrección ni disciplina. Lo que necesitaba era gracia. Necesitaba descubrir como calmarse, relajarse, darse un descanso y aceptar las imperfecciones de la vida. Fue mi tarea de toda la vida ayudarlo a aprender a estar contento mientras que establece altos objetivos.

EL TEMERARIO

Mi segundo hijo, Zachery, era el temerario de la familia. Tan pronto pudo caminar empezó a escaparse de su cuna. Un día, cuando él tenía cuatro años, yo estaba trabajando en el jardín. Escuché que me gritaba: "Oye, papá, mírame."

Miré a mi alrededor pero no pude ver señales de él hasta que me gritó: "¡No, papá, aquí arriba!"

Al mirar hacia arriba, vi a mi hijo a veinticinco pies de altura balanceándose de un lado a otro colgado de una rama de un eucalipto. Temí que se rompiera la rama, lanzando a mi hijo al suelo y golpeándolo contra el costado de la casa. Pero este era Zachery y esta era la clase de cosas que hacía todo el tiempo. Cuando entendió cómo treparse al techo de nuestra iglesia, tiraba cosas hacia allí para luego preguntarme si podía treparse para buscarlas. "Al final de cuentas, papá, no queremos que la casa de Dios esté desordenada."

Así que cuando lo vi hamacándose colgado de la rama del árbol, lancé una breve oración y continué con mi tarea. Como solía ocurrir generalmente, se acercó a mí unos pocos minutos después (ileso, por supuesto) y me dijo: "Vaya, ¡eso sí que fue divertido!"

Junto a su placer por la vida había una terrible falta de discernimiento. Le costaba entender los límites. Ya en la universidad, pensaba que si les caía bien a sus profesores, le darían una buena nota. Estoy seguro de que algunos maestros y profesores operan de esa manera, pero no pueden hacerlo todos. Para aliviar el estrés, recurría a la ira. Como evidencia de ello había varios agujeros en las paredes del gimnasio donde compitió durante el colegio secundario. Cuando se fue a la universidad, tuvimos que volver a pintar su habitación donde encontramos cortes en la pared junto a su cama.

Lo llamé y le pregunté: "Zach, ¿qué son todas esas marcas en la pared?"

—Lo siento, papá. Una noche estaba aburrido y tenía una cuchillo, así que empecé a tallar la pared. Tendría que habértelo dicho.

EL ASTUTO

Mi hijo menor, Caleb, ha sido siempre el más astuto. No anuncia sus deficiencias ni pone sus luchas a la vista de todos. Honestamente, creo que él piensa que tiene casi siempre la razón y tiende a ser orgulloso. Sin embargo, lo hace de manera sutil. Cuando era niño, se manifestaba como terquedad. Constantemente decía: "Una sola cosa más", porque deseaba tener la última palabra en todo.

—Es hora de ir a la cama.

—Una sola cosa más.

—Es hora de hacer los deberes.

—Una sola cosa más.

—Es hora de vestirse.

—Una sola cosa más.

—No vamos a seguir hablando de esto.

—Una sola cosa más.

Me encantaba su curiosidad y estaba feliz de que no fuera pasivo, pero "una sola cosa más" se convirtió en algo así como una alarma de automóvil que nunca deja de sonar.

En el colegio secundario, periódicamente discutía con sus maestros o entrenadores. Lo hacía con un tono de respeto, pero cuando él piensa que tiene la razón y que los otros no, está decidido a sobrevivir sus opiniones. Cuando tiene razón, es apasionante observar su progreso. Sin embargo, cuando su perspectiva es equivocada, puede ser frustrante.

CUESTE LO QUE CUESTE

Mi conclusión es que los desafíos que encaramos con cada uno de nuestros hijos no entorpecieron nuestra relación. Amo a estos muchachos desde lo más profundo de mi alma. Creo en sus habilidades y estoy convencido de que Dios los creó con un propósito. También creo que ellos pueden descubrir cuál es su llamamiento y tener éxito en él. No me importa lo que me haya costado ayudarlos a llegar a ese lugar porque estoy totalmente dedicado al proceso y estoy seguro de que fui puesto en la tierra para ayudarlos a descubrir su lugar de influencia y vivir una vida de integridad.

Esta es una de las razones por la que los padrastros y madrastras tienen que ajustarse. Aman a los niños porque aman a su nuevo cónyuge, pero no poseen el apego característico que uno tiene con los hijos biológicos. Cuando los niños no presentan dificultades y todo va bien, uno tiene la satisfacción de estar rodeado por su familia. Cuando los niños son difíciles o uno de ellos está en medio de una crisis que se ha infligido a sí mismo, puede resultar difícil encontrar la motivación para hacer todo lo necesario para ayudarlos a superar la tormenta.

EL ENFRENTAR LA REALIDAD

Las organizaciones comunitarias funcionan mejor cuando los líderes y entrenadores sienten pasión por el proceso imperfecto de desarrollar a hombres y mujeres jóvenes.

Durante diez años, ayudé a manejar una liga de básquetbol juvenil en nuestro pueblo. Mis hijos eran naturalmente atléticos y yo deseaba que tuvieran la oportunidad de aprender a desarrollar su carácter en situaciones competitivas. Yo me crié jugando al básquetbol así que este era un entorno que me resultaba cómodo. Me encantaba entrenar a mis hijos y me encantaba trabajar con un grupo dedicado de voluntarios que compartían mi amor por el deporte y la oportunidad de darle a los muchachos una liga en la cual jugar.

Algunos de los entrenadores compartían esta pasión. Ofrecían entrenamientos llenos de entusiasmo y competían con talento los sábados. Otros entrenadores hacían un buen trabajo porque creían en lo que estaban haciendo, pero no tenían ningún deseo de distinguirse en esta empresa.

Luego estaban los padres quienes no eran quién para tratar de entrenar, pero se ofrecían como voluntarios debido a un sentido equivocado del deber. Tenían hijos en la liga y, por consiguiente, pensaban que tenían que turnarse para hacerlo, pero en realidad no les gustaba entrenar o no sabían lo que estaban haciendo.

Un hombre en particular tenía un corazón de oro y era un hombre de carácter fuera de la cancha de básquetbol. Había superado obstáculos físicos en su vida. Tenía un aparato ortopédico en la pierna y caminaba con la ayuda de un bastón, pero tenía completa movilidad y afrontaba sus dificultades con mucha gratitud. Su profesión tenía que ver con ayudar a la gente y tenía un gran talento para ayudar a los demás a superar situaciones difíciles y contratiempos personales. Basándome en eso, pensé que sería un excelente recurso para nuestra liga.

Pero no tenía instintos naturales por el deporte y sólo poseía un entrenamiento básico. Como resultado de ello, cada aspecto del juego era un problema para él. Exigía demasiado durante las prácticas y vino al primer partido con un enorme peso sobre los hombros de desempeñarse bien.

Las cosas no fueron bien. Los niños de nueve y diez años del equipo no estaban muy concentrados. No seguían el plan que él había diseñado para ellos. Los árbitros no se tomaban el partido tan en serio como él. A la larga, tomaron una decisión con la que él no estaba de acuerdo y allí explotó. Se podían escuchar sus gritos en todo el gimnasio. Un grupo de nosotros fuimos a la cancha para ver qué estaba ocurriendo. Cuando levantó su bastón como preparándose para golpear al árbitro, tuvimos que acompañarlo fuera del edificio y tomar las riendas de su equipo por el resto del día.

Al día siguiente, aceptó que no debería ser el entrenador del equipo. Se sentía abrumado y fuera de lugar. No había sido su intención comportarse de esa manera.

No tiene nada de malo admitirlo, porque sólo podemos liderar aquellas cosas en las que creemos apasionadamente. Yo he sido líder en el ministerio por treinta años porque estoy convencido de que el ministerio es lo que Dios ha diseñado para mí y que es vital en la vida de otras personas. Dos de mis hijos son entrenadores porque creen apasionadamente en ello. En su corazón, tienen el convencimiento de ayudar a hombres y mujeres jóvenes alcanzar su potencial y competir a su nivel más alto y eso les da la fortaleza para superar las malas actitudes, padres criticones y circunstancias desalentadores.

¿Por qué personas y empresas siente usted pasión?

Dios lo ha creado para que inspire a otra gente a alcanzar el diseño que Dios tiene para ellos y finalizar la carrera. Nunca sabemos qué palabra o acción cambiará para siempre la vida de aquellos con quienes interactuamos. La perspectiva de vida de Henning Mankell fue esclarecida para siempre por dos ancianos africanos con los que se encontró en Mozambique.

> Escuché a dos hombres que estaban hablando sobre un tercer anciano que había fallecido recientemente. Uno de ellos dijo: "Yo lo estaba visitando en su casa. Él comenzó a contarme una historia asombrosa sobre algo que le había ocurrido cuando era joven. Pero era un relato extenso. Vino la noche y decidimos que yo debería regresar al día siguiente para escuchar el resto de la historia. Pero cuando llegué, él estaba muerto."
>
> El hombre quedó en silencio. Decidí no levantarme del banco hasta escuchar cómo respondería el otro hombre a lo que había escuchado. Yo tenía la sensación instintiva de que sería algo importante.
>
> Por fin, él también habló.
>
> "Esa no es una buena manera de morir: antes de haber relatado el final de su historia."[8]

Usted es un líder y tiene una historia que finalizar. Dios está conmoviendo su corazón y preparando su vida para alcanzar su propósito en usted.

> Deléitate en el Señor,
> y él te concederá los deseos de tu corazón.
> Encomienda al Señor tu camino;
> confía en él, y él actuará.
> Hará que tu *justicia resplandezca como el alba;
> tu justa causa, como el sol de mediodía.
> (Salmo 37:4-6)

2

DECIDA PERSEGUIR SU VISIÓN PERSONAL

Dios ha depositado un sueño en el corazón de cada uno de nosotros. Esto se evidencia en el exclusivo ADN que tiene cada uno. Es evidente en los dones espirituales que Dios nos otorgó cuando conocimos a Jesús. Es evidente en la combinación única de talentos y habilidades que poseemos. Es evidente también en el impulso interior que todos tenemos por algo más que la vida de todos los días.

Efesios 2:10 declara: "Porque somos hechura de Dios, creados en Cristo Jesús para buenas obras, las cuales Dios dispuso de antemano a fin de que las pongamos en práctica." Cuando Dios nos creó, lo hizo con un propósito en mente. En el momento de la salvación, el Espíritu Santo vino a morar en nosotros y comenzó a potenciar ese propósito para que pudiéramos reconocer el sueño que había sido depositado en nuestra alma. Esta es la razón por la cual usted siente emoción en su corazón como líder. Hay algo que, en su opinión, tiene que llevarse a cabo mientras usted está en la tierra. A veces lo hace sentirse inquieto, otras veces motivado, y profundamente satisfecho cuando en efecto ve su sueño en acción. Y lo asola una agonizante insatisfacción cuando su vida no está activamente involucrada en la implementación del sueño que arde en su interior.

El desarrollar nuestra *visión personal* es una manera de identificar nuestro sueño en términos que dan dirección a nuestros objetivos y decisiones. Nosotros identificamos el sueño en nuestra alma, lo expresamos con palabras y lo dirigimos con actividades y objetivos.

La *declaración de nuestra visión* es el simple resumen de esa visión que nos inspira. Sabemos que la hemos descubierto cuando la leemos y:

- Tiene sentido.
- Algo se conmueve en nuestro corazón.
- Contiene una gran idea.
- Aumenta nuestro nivel de energía.
- Nos damos cuenta de que hemos encontrado algo que nos mueve.
- Sentimos el impulso de hacer algo al respecto antes de morirnos.
- Es lo suficientemente simple como para que sea fácil recordarla.

Una visión personal es una de las principales características que lo convierten en un líder. Todos tenemos el mismo valor en la tierra y todas las contribuciones a la vida son importantes, pero cada equipo, cada proceso y cada organización necesita un líder. Y Dios es el que conmueve el corazón del líder con una visión que tiene que ser puesta en práctica.

CUANDO DIOS NOS AGITA EL CORAZÓN

Hay varios ejemplos en la Biblia sobre cómo Dios identifica a los líderes agitando su corazón.

En los primeros días de Esdras, la nación de Israel estaba en un estado patético. Los muros de Jerusalén eran pilas de escombros y no existía el templo. Era vergonzoso proclamar al Dios de Abraham, Isaac y Jacob como el gobernante del universo y Creador de toda la vida cuando su "casa terrenal" había sido desmantelada por simples hombres. La gente de fe comprendió que el exilio de la nación que hizo posible que los enemigos humanos destruyeran el templo había sido el resultado de la mano misma de Dios para disciplinarlos. Sus hijos se habían negado a arrepentirse, de modo que él los puso en penitencia hasta que cambiaran su corazón. Cuando llegó el momento de reconstruir:

> En el primer año del reinado de Ciro, rey de Persia, el Señor dispuso el corazón del rey para que éste promulgara un decreto en todo su reino y así se cumpliera la palabra del Señor por medio del profeta Jeremías. Tanto oralmente como por escrito, el rey decretó lo siguiente:
>
> "Esto es lo que ordena Ciro, rey de Persia:

> "El Señor, Dios del cielo, que me ha dado todos los reinos de la tierra, me ha encargado que le construya un templo en la ciudad de Jerusalén, que está en Judá. Por tanto, cualquiera que pertenezca a Judá, vaya a Jerusalén a construir el templo del Señor, Dios de Israel, el Dios que habita en Jerusalén; y que Dios lo acompañe. También ordeno que los habitantes de cada lugar donde haya judíos sobrevivientes los ayuden dándoles plata y oro, bienes y ganado, y ofrendas voluntarias para el templo de Dios en Jerusalén" (Esdras 1:1-4).

Cuando la visión es grande, Dios mueve el corazón de otros líderes también para hacer avanzar el plan. Tal fue el caso de la reconstrucción del templo. "Entonces los jefes de familia de Benjamín y de Judá, junto con los sacerdotes y levitas, es decir, con todos aquellos en cuyo corazón Dios puso el deseo de construir el templo, se dispusieron a ir a Jerusalén" (Esdras 1:5). La visión en este caso era construir un templo para el Dios de Israel en Jerusalén. Era una simple declaración del corazón que fue capaz de movilizar a toda la comunidad para una acción abnegada.

La reconstrucción del templo fue un logro maravilloso, pero creó un problema. La finalización del proyecto del templo introdujo la nueva costumbre de alabar con entusiasmo en la ciudad de Jerusalén. Esto despertó la atención de aquellos que no deseaban que los judíos prosperaran. Eran además vulnerables, ya que los muros no habían sido aún reconstruidos. Cualquiera, en cualquier momento, podía ingresar en la ciudad sin problemas para ocasionarles daño. Esa necesidad dio origen a una nueva visión en el corazón de Nehemías.

> Llegó Jananí, uno de mis hermanos, junto con algunos hombres de Judá. Entonces les pregunté por el resto de los judíos que se habían librado del destierro, y por Jerusalén.
>
> Ellos me respondieron: "Los que se libraron del destierro y se quedaron en la provincia están enfrentando una gran calamidad y humillación. La muralla de Jerusalén sigue derribada, con sus puertas consumidas por el fuego."
>
> Al escuchar esto, me senté a llorar; hice duelo por algunos días, ayuné y oré al Dios del cielo (Nehemías 1:2-4).

La visión de Nehemías, como la de Esdras, era simple y persuasiva. Vamos a reconstruir el muro en el menor tiempo posible.

HÉROES IMPROBABLES

Ester era una heroína improbable. La ventaja más grande que tenía era su belleza, que le abrió las puertas para convertirse en la reina de Persia, aun cuando era judía. La gente la habría fácilmente identificado como una modelo, pero nadie la habría señalado como la persona que rescataría a su pueblo. La nación de Israel estaba a punto de ser eliminada por un engañoso plan diseñado por Amán, la mano derecha del rey de Persia. La necesidad de acción en respuesta a este complot se apoderó primero de Mardoqueo, el primo de Ester, quien "se rasgó las vestiduras, se vistió de luto, se cubrió de ceniza y salió por la ciudad dando gritos de amargura" (Ester 4:1). Cuando Ester se enteró por Mardoqueo de la drástica amenaza que pesaba sobre su pueblo, nació una visión en su corazón.

> Ester le envió a Mardoqueo esta respuesta: "Ve y reúne a todos los judíos que están en Susa, para que ayunen por mí. Durante tres días no coman ni beban, ni de día ni de noche. Yo, por mi parte, ayunaré con mis doncellas al igual que ustedes. Cuando cumpla con esto, me presentaré ante el rey, por más que vaya en contra de la ley. ¡Y si perezco, que perezca!" (Ester 4:15-16).

La visión de Ester era ambiciosa, valiente y potencialmente peligrosa, pero era fácil de declarar: "Ustedes oren y ayunen. Yo hablaré con el rey. Juntos veremos si Dios libera a su pueblo."

El corazón de algunos es agitado por heridas o decepciones personales. Ana es un ejemplo. A pesar de tener una magnífica relación con su esposo, su desesperanza era grande debido a que no podía tener hijos. Sabía que tenía que estar contenta porque su matrimonio estaba intacto, era lo suficientemente sana como para poder trabajar y entendía que Dios la amaba. Pero no se acallaba su deseo de tener un hijo. Su visión no había nacido de una inspiración, éxito o ilusión.

> Con gran angustia comenzó a orar al Señor y a llorar desconsoladamente. Entonces hizo este

> voto: "Señor Todopoderoso, si te dignas mirar la desdicha de esta sierva tuya y, si en vez de olvidarme, te acuerdas de mí y me concedes un hijo varón, yo te lo entregaré para toda su vida, y nunca se le cortará el cabello" (1 Samuel 1:10-11).

La decisión de entregar a su hijo para que fuera criado en el templo, viviendo como un siervo abnegado por el resto de su vida, no es placentero ni popular.

Hay días, por supuesto, en los que cualquiera de nosotros estaría dispuesto a entregar a un hijo imposiblemente difícil para que lo criara otra persona, como el padre que me contó la siguiente historia:

> Yo estaba en una gran tienda con mi hija de cuatro años. Ella se estaba portando mal, quejándose a viva voz y discutiéndolo todo. Después de numerosos intentos vanos para calmarla y convencerla a cooperar, finalmente la levanté y la saqué de la tienda. Al salir, ella comenzó a retorcerse frenéticamente en mis brazos y llamando al guardia de seguridad, le dijo: "Ayúdeme. ¡Este no es mi papá!"

Sin embargo, no estamos hablando sobre deshacernos por un rato de un niño irritante. Ana estaba ofreciendo presentar a su hijo, si Dios le concedía uno, para que se criara en el templo como un siervo que cambiaría el mundo. Era un pedido noble y honorable, pero era algo increíblemente difícil también. Era como que Dios sabía que la única manera de convencer a Ana de aceptar este propósito particular para su vida hubiera sido a través de este crisol de sufrimiento personal.

Repito, la visión fue expresada simplemente: "Yo entregaré mi hijo al Señor para toda su vida." Esto tenía consecuencias que afectarían toda la vida de Ana. Capturaba la pasión de su corazón. Le daba valentía para enfrentar los retos inherentes de su decisión. Y sin embargo podía ser expresado en una sola oración.

ES UN PROCESO

De diversas maneras y diferentes medios, los líderes descubren una visión que los guía, los empuja, los ayuda a tomar decisiones y los impulsa a permanecer en la tarea hasta que se haya cumplido el sueño. El descubrir nuestra visión personal es un proceso. Podemos sentarnos para elaborarla y descubrir que todo cuaja, pero eso no es lo que comúnmente ocurre. Es más común que nuestra visión se vaya aclarando con el tiempo.

La primera vez que escribí mi visión personal era demasiado extensa como para mantener mi interés y demasiado complicada como para poder recordarla. Contenía las semillas de lo que era importante para mí, pero no era fácil de llevar a la práctica. Este es el primer borrador que escribí cuando tenía treinta años:

> Yo, Bill Farrel, me comprometo a enseñar la Palabra de Dios de una manera que permita a la gente ponerla en práctica en su vida diaria. Estoy dedicado a las relaciones importantes de mi vida, que incluyen mi relación con Dios, mi esposa, mis hijos y mis amigos. Deseo ayudar

a la gente a vivir vidas mejores, y deseo que la gente diga que sus relaciones funcionaron mejor gracias a nuestra compañía mutua.

Por un par de años, viví con esta declaración y traté de que funcionara para mí. Me gustaba, pero me resultaba difícil recordarla y me costaba explicársela a los demás. De modo que tomé la decisión de modificarla. Comencé a orar sobre ello y le pedí a Dios que me diera la sabiduría de simplificarla. Cada tanto, la volvía a escribir de manera espontánea a medida que se me iban ocurriendo nuevas interpretaciones.

Dado que la declaración de su visión personal es un reflejo del sueño que se anida en su corazón, puede surgir en cualquier momento con una renovada claridad y entusiasmo. Volví a escribir mi declaración durante un vuelo, en mi oficina, en mi garaje y en un café cerca de mi casa. Tuve que hacer varios intentos, pero finalmente esto es lo que elegí:

> *Yo, Bill Farrel, me comprometo a ayudar la mayor cantidad de gente posible a crecer en sus relaciones más importantes.*

Esta simple declaración conlleva abundantes inferencias para mí. Entre ellas se encuentran:

- Es personal y por eso puse allí mi nombre.
- Estoy dispuesto a pagar el alto precio de lograrlo porque es un compromiso.
- Lo esencial de mi sueño es ayudar a los demás.

- El potencial es ilimitado porque se concentra en "la mayor cantidad de gente posible".
- Mi sueño se basa en mis talentos porque deseo que la gente crezca en su habilidad para relacionarse.
- Mi sueño involucra prioridades porque se concentra en las relaciones más importantes.
- Se pueden emplear múltiples métodos, lo cual puede incluir el ministerio en la iglesia local, educación, escribir libros, dar charlas en conferencias, aparecer en los medios de comunicación, currículo de grupos pequeños y muchas opciones que no existen aún o que todavía no han sido descubiertas.

HECHO PARA MADURAR

Es normal que la declaración de nuestra visión evolucione con el tiempo. Considere dos compañías muy conocidas cuyas declaraciones han cambiado:

- En 1970, la declaración de la visión de Honda era: "Destruiremos a Yamaha". Ha evolucionado a: "Ser una compañía que nuestros accionistas, clientes y sociedad desean".
- En los sesenta, la declaración de la visión de Nike era "Aplastar a Adidas". Actualmente es: "Ser la compañía de atletismo más importante del mundo".[9]

Estas son compañías muy grandes con departamentos interconectados y complejos pero están inspiradas por una declaración de propósito simple y apasionada detrás de su existencia. De manera similar, nuestras vidas son una colección compleja de compromisos, decisiones y relaciones. Es fácil perderse en simplemente hacer la siguiente cosa intentando mantenernos al día con nuestras responsabilidades. Esto es admirable porque conduce a una vida disciplinada y confiable pero, si no está guiada por una visión personal, carece de pasión, motivación y dedicación voluntaria.

Es probable que, a este punto, usted se pregunte: "¿Necesito realmente escribir una declaración de mi visión?" Por supuesto, la respuesta es no, usted no *tiene* que escribir una declaración de su visión. Pero va a encontrar más claridad en sus decisiones y más confianza en su influencia si se decide a poner su visión por escrito.

TODO EL MUNDO DESEA SEGUIR UNA VISIÓN

El año era 2012. Yo estaba en Louisville durante el campeonato de básquetbol *Final Four* entre la Universidad de Louisville y la Universidad de Kentucky, que se estaba jugando en Nueva Orleáns. Toda la gente de Louisville estaba obsesionada. El lugar donde almorzamos le daba un plato gratis a todo aquel que vistiera el atuendo de su colegio. Los automóviles estaban decorados con banderas rojas y azules. Los parientes discutían entre sí sobre qué equipo era el mejor.

Incluso se desataron revueltas en las calles de Lexington, hogar de la Universidad de Kentucky, cuando los *Wildcats* ganaron el partido.

> Bufonadas estudiantiles en celebraciones alimentadas por el alcohol para festejar la victoria de la UK del *Final Four* se intensificaron

> rápidamente cuando unos jóvenes les prendieron fuego a unos sillones y dos automóviles y les tiraron latas de cerveza a grupos de gente que estaba festejando.
>
> Los bomberos respondieron a 50 incendios maliciosos, la mayoría sillones incendiados a propósito, según el jefe de batallón Ed Davis del Destacamento de Bomberos de Lexington. Diez personas resultaron heridas, dijo…
>
> Los juerguistas subidos al techo de automóviles, volcaron tres vehículos en la calle State mientras otros los vitoreaban e intentaron dar vuelta otros mientras los hinchas coreaban el nombre del equipo.
>
> Joey Frederick, que se unió a la juerga en Lexington, dijo que la victoria del sábado se merecía una fiesta en el campus. "Somos el mejor equipo de los Estados Unidos," dijo. "Pienso que las casas deberían arder."[10]

Antes del partido se desató un altercado en una clínica de diálisis entre un hincha de Kentucky de sesenta y ocho años y un hincha de Louisville de setenta y un años cuando se pusieron a discutir sobre qué equipo sería el vencedor. Es probable que la pelea no lo hubiera sorprendido al entrenador de Kentucky John Calipari, quien con todo afecto compara a los hinchas de los *Wildcats* con pirañas. Sí, me refiero a esos peces que comen carne.

El punto de compartir todo esto es para ilustrar que todos deseamos pertenecer a algo grande. Ellos se visten para sus equipos. Gritan para sus equipos. Programan sus agendas según los partidos de su equipo.

Dios ha depositado el sueño de tener significado en el corazón de todos lo que ha creado. Ojalá agreguemos disciplina y sentido común a nuestras aspiraciones, pero no es posible apagar el deseo de tener significado. El tener una visión personal para nuestra vida es simplemente expresar el sueño que se agita en nuestro interior.

Así que ¿cómo descubrimos nosotros los líderes el sueño que tiene como propósito despertar nuestra motivación y centrar nuestras decisiones? El proceso consiste en una serie de preguntas persistentes que colocan nuestro corazón en un lugar donde podemos descubrir el propósito para el que fuimos creados. Sus respuestas a estas preguntas forman ideas que se entrecruzan teniendo a su propósito como punto de encuentro. Si usted está interesado en aclarar más su visión, comience por preguntarse lo siguiente.

¿Qué es lo que ama en la vida?

El Proverbio 4:23 declara: "Por sobre todas las cosas cuida tu corazón, porque de él mana la vida." Nuestro corazón tiene una manera incansable de expresarse a sí mismo. Si usted ama su trabajo, va a encontrar maneras de trabajar más. Si ama las relaciones, se sentirá atraído por conversaciones y experiencias que lo conecten con la gente. Si le encanta construir, se va a dedicar a proyectos. Si ama la tecnología, encontrará un lugar en su presupuesto para comprar los artefactos más novedosos. El sueño que Dios ha colocado en su corazón se va a reflejar de alguna manera en todo lo que usted haga.

¿Dónde ve el obrar de Dios en su vida?

El Proverbio 19:21 dice: "El corazón humano genera muchos proyectos, pero al final prevalecen los designios del Señor." Usted notará que algunas áreas de su vida funcionan mejor que otras. Si Dios desea enseñar a otros a través de usted, la gente aprenderá extremadamente bien cuando está a su alrededor. Si Dios organiza a través suyo, otras personas son más eficientes cuando trabajan en sus sistemas. Si Dios desea alentar a otros a través de usted, notará que la gente está más feliz y se siente más segura cuando pasan tiempo a su lado. Usted ve toda esta clase de resultados porque "prevalecen los designios del Señor" en esas áreas de su vida.

¿Cuáles son las ideas de las que usted no se puede alejar?

David era un magnífico líder que condujo a la nación de Israel en la campaña militar más exitosa de toda su historia. El favor de Dios estaba sin duda sobre él mientras ganaba una batalla tras otra. Sin embargo, en su corazón estaba el deseo de construir una casa para su Dios. Le molestaba que su propia casa fuera más bonita que el lugar a donde se dirigían para adorar a Dios. David entendía la razón, pero no podía dejar atrás el pensamiento acuciante de que no estaba bien. Él les anunció a todos los líderes de su reino:

> Puesto de pie, el rey David dijo: "Hermanos de mi pueblo, escúchenme. Yo tenía el propósito de construir un templo para que en él reposara

> el arca del pacto del Señor nuestro Dios y sirviera como estrado de sus pies. Ya tenía todo listo para construirlo cuando Dios me dijo: "Tú no me construirás ningún templo, porque eres hombre de guerra y has derramado sangre" (1 Crónicas 28:1-3).

Si la visión de David de construir una casa para su Dios hubiera sido sólo una idea, se habría sentido frustrado cuando Dios le dijo personalmente que no podía hacerlo. Hubiera perdido su atractivo y se hubiera alejado de su corazón. Pero era más que una idea; era parte de un sueño que Dios había depositado en su corazón. De modo que David se adaptó. Ya que no podía construir la casa, trazó los planes y reunió lo necesario para construirla. Le dio mucha alegría contribuir al proyecto: "Pero, ¿quién soy yo, y quién es mi pueblo, para que podamos darte estas ofrendas voluntarias? En verdad, tú eres el dueño de todo, y lo que te hemos dado, de ti lo hemos recibido" (1 Crónicas 29:14). Estaba feliz de darle a su hijo Salomón "el diseño del pórtico del templo, de sus edificios, de los almacenes, de las habitaciones superiores, de los cuartos interiores y del lugar del propiciatorio" (1 Crónicas 28:11). Aun cuando nunca llegó a ver la construcción del edificio, pudo igualmente vivir su visión.

¿Qué pediría si pudiera tener cualquier cosa que quisiera?

Salomón tuvo la oportunidad de pedir lo que quisiera, y su respuesta ha desafiado a todas las personas que hayan leído ese relato alguna vez. "Aquella noche Dios se le apareció a Salomón y le dijo: 'Pídeme lo que quieras'" (2 Crónicas

1:7). ¡Lo que quieras! Salomón podía pedir cualquier cosa y Dios se lo daría. Sin restricciones, sin calificaciones, sin condiciones. Vaya, ¿qué es lo que usted pediría?

Salomón examinó su corazón para ver qué había allí realmente. No tenía ninguna razón para pedir algo diferente a lo que quería, ya que Dios había eliminado todas las barreras. La simple respuesta de Salomón a la oferta de Dios es la esencia que compone una visión personal. "Yo te pido sabiduría y conocimiento para gobernar a este gran pueblo tuyo; de lo contrario, ¿quién podrá gobernarlo?" (2 Crónicas 1:10). Para decirlo de la manera más sencilla, su visión era ser el hombre más sabio sobre la faz de la tierra. (Usted probablemente conoce la historia de Salomón y sabe que a pesar de que Dios le concedió su pedido, Salomón no le fue siempre fiel a la sabiduría que había recibido.)

¿Qué temas se repiten durante su vida de devoción?

El Salmo 37:4 declara: "Deléitate en el Señor, y él te concederá los deseos de tu corazón." El sueño que Dios ha colocado en su corazón emerge a la superficie cuando usted pasa tiempo con él. Dios lo ha creado para esto. Le entusiasma lo que usted puede hacer con ese sueño. ¡Ama verlo en acción! Como resultado, cada vez que usted le de a Dios la oportunidad de hacerlo, él le hará recordar su sueño.

¿Qué es lo que le hace sentir que su vida es importante?

Dado que vivimos en un mundo quebrantado, algunas actividades, tales como sacar la basura y hacer la limpieza de rutina, puede parecernos algo aburrido y sin vida. Son cosas necesarias, pero no tiene el poder de aportar la sensación de un verdadero logro. Si les prestamos demasiada atención a estas actividades comunes, se convierten en distracciones o en algo aún peor. Sin embargo, algunas actividades reflejan nuestro verdadero propósito y tienen el potencial de dar una verdadera sensación de logro e importancia a nuestra vida. Como son muy poderosas, pueden ser un poco intimidantes a veces, pero son empresas para las que fuimos creados. Como resultado, cuando participamos en ellas, nos sentimos vivos, valiosos y llenos de energía. El apóstol Pablo lo expresó de esta manera:

> En una casa grande no sólo hay vasos de oro y de plata sino también de madera y de barro, unos para los usos más nobles y otros para los usos más bajos. Si alguien se mantiene limpio, llegará a ser un vaso noble, santificado, útil para el Señor y preparado para toda obra buena (2 Timoteo 2:20-21).

¿Qué es lo que se ve constantemente interrumpido en sus planes?

En el capítulo 30, Isaías describió el proceso. El versículo 1 comienza con la declaración:

> "Ay de los hijos rebeldes
> que ejecutan planes que no son míos,
> que hacen alianzas contrarias a mi Espíritu,
> que amontonan pecado sobre pecado."

Dios ha colocado un sueño en nuestro corazón porque es parte de su plan y se supone que es la mejor manera de vivir. Cuando cooperamos con el plan, Dios lidera con simplicidad y estímulo. Sin embargo, cada uno de nosotros tiene la capacidad de desarrollar sus propios planes que pueden coincidir o no con el plan de Dios. Cuando nuestros planes están en conflicto con el plan de Dios, él los interrumpe y frustra su ejecución porque "el Señor los espera, para tenerles piedad; por eso se levanta para mostrarles compasión… Ya sea que te desvíes a la derecha o a la izquierda, tus oídos percibirán a tus espaldas una voz que te dirá: 'Éste es el camino; síguelo'" (30:18, 21).

¿Qué actividades en su vida causan un crecimiento real y mensurable?

Una de las tarea de Jeremías era recordarle a la nación de Israel que su exilio a Babilonia era temporario y que a la larga regresarían a su tierra natal. En su exhortación, vemos el corazón de Dios en la manera en que se relaciona con su plan para el futuro de Israel: "Porque yo sé muy bien los planes que tengo para ustedes —afirma el Señor—, planes de bienestar y no de calamidad, a fin de darles un futuro y una esperanza" (Jeremías 29:11). A pesar de que la situación de Israel parecía imposible, Dios no había terminado con su pueblo. Aún tenía planes para prosperar a la nación y darle un futuro.

De la misma manera, Dios tiene un plan para cada uno de nosotros: el sueño que ha sembrado en nuestro corazón. Jeremías describe una serie de características propias de esos sueños:

- Prosperan nuestra vida
- No nos dañan
- Dan esperanza
- Crean un futuro positivo

Dicho en otras palabras, crean un verdadero avance en nuestra vida. Tal vez no seamos tan ricos como deseamos o tan seguros como nos imaginamos, pero veremos un verdadero y notable crecimiento en nuestra vida cuando seguimos su plan. Esta misma prioridad encuentra un eco en 2 Pedro 3:18, donde se nos instruye a crecer "en la gracia y en el conocimiento de nuestro Señor y Salvador Jesucristo."

¿Qué conductas estaría dispuesto a defender sea quien sea que lo esté cuestionando?

Así como los colegios tienen exámenes, los equipos deportivos exhiben sus talentos en los partidos y los proyectos de trabajo tienen fechas límite, así nuestras vidas tienen puntos de control que nos permiten evaluar nuestro crecimiento. Algunos de estos puntos obedecen a transiciones en nuestra vida que nos conducen a momentos de honesta evaluación delante de Dios. En esos momentos, medimos nuestras habilidades, evaluamos nuestras decisiones y aclaramos nuestras convicciones. Estas evaluaciones por el camino nos permiten determinar la diferencia entre nuestras preferencias y nuestras convicciones. Hasta que no nos critican o persiguen por nuestra fe, no sabemos verdaderamente cuán sólida es nuestra creencia en las verdades bíblicas. No sabemos cuán dedicados estamos a nuestro matrimonio hasta no enfrentarnos a momentos de infelicidad y conflicto. No sabemos cuán entregados estamos a nuestra carrera profesional hasta que no aparecen desafíos que tenemos que persistentemente superar. No sabemos si la manera en que tratamos a la gente es un acto o parte de nuestra ética personal hasta que no tenemos que contender con colegas difíciles. Las convicciones que perduran en el tiempo son las expresiones de nuestra visión personal.

Estas evaluaciones durante el trayecto de nuestra vida nos preparan para el encuentro que experimentaremos al final en el cual daremos cuenta de nuestra vida a nuestro Creador. Dios nos ha creado con un propósito, y él nos ayuda a expresarlo. El examen final revela si lo hemos satisfecho.

> "Yo, el Señor, sondeo el corazón
> y examino los pensamientos,
> para darle a cada uno según sus acciones
> y según el fruto de sus obras."
>
> (Jeremías 17:10)

Dios se va a sentar con cada uno de nosotros para repasar profunda y decididamente nuestras decisiones y desarrollo personal. Tendremos la oportunidad de describir lo que hemos hecho con lo que nos fue otorgado. Sin duda, parte de nuestra conversación con nuestro Salvador será un poco incómoda ya que somos seres imperfectos, pero parte de lo que cubriremos será apasionante y provechoso. A medida que comience usted a identificar los temas que anticipa hablar con Dios, esto le dará mayor claridad sobre cuál es el sueño que le fue asignado.

Cuando lee la Palabra de Dios, ¿qué objetivos le vienen a la mente una y otra vez?

Santiago le escribió a un grupo de creyentes que estaba viviendo en una época de gran intensidad. Necesitaban instrucciones concluyentes repletas de simples ilustraciones para poder aplicar los principios de manera eficiente. En Santiago 1:22-25, compara leer la Biblia con mirarse al espejo. Cada vez que "miramos" la palabra de Dios, podemos ver la manera en que Dios nos hizo y los deseos que ha sembrado en nuestro corazón. Por un breve instante, le hacemos ajustes a nuestra vida y enfoque. "Pero quien se fija atentamente en la ley perfecta que da libertad, y persevera en ella, no olvidando lo que ha oído sino haciéndolo, recibirá bendición al practicarla" (1:25). Tomar nota de las ambiciones que nos vienen a la mente cuando interactuamos con la Biblia le ayudará a descubrir el sueño que Dios ha depositado en su alma.

CÓMO IDENTIFICAR SU VISIÓN PERSONAL

*Primer paso: Responda preguntas exploratorias.*Repase las preguntas enumeradas anteriormente. Sin apresurarse, escriba un breve párrafo en respuesta a cada pregunta. No se preocupe de tener la respuesta correcta. Limítese a volcar sus pensamientos en una hoja de papel.

Segundo paso. Tómese un recreo. Una vez que haya pensado en múltiples respuestas a las preguntas, tómese un descanso para darle a su mente la oportunidad de descansar. Escribir sus pensamientos es como plantar semillas que necesitan tiempo para echar raíces en su alma. Al darle tiempo a esos pensamientos para que germinen, generalmente se aclaran.

Tercer paso. Busque los temas recurrentes. El sueño que Dios ha colocado en su corazón exige ser expresado. Cada vez que se toma tiempo para pensar, el sueño se traslada al frente y le ofrece responder a sus preguntas. A medida que va madurando, tal vez no sea muy conciso o expresado con sencillez, pero encuentra maneras de aparecer en sus escritos. Los pensamientos que lo cautivan se repetirán con la suficiente frecuencia como para señalarle la visión de Dios para su vida.

Cuarto paso. Use los temas recurrentes para escribir una declaración de su visión. No se preocupe de la cantidad de renglones. No se preocupe de la gramática. No se preocupe de que sea la mejor declaración jamás escrita. Simplemente escriba algo.

Quinto paso. Viva algún tiempo con su declaración. Dele unas pocas semanas o algunos meses. Imprímala y cuélguela en un lugar donde pueda verla con frecuencia. Póngala en su computadora y su teléfono para tener acceso a ella cuando lo desee.

Sexto paso. Repase la declaración de su visión haciendo las siguientes preguntas:

- ¿Tiene sentido para mí?
- ¿Me conmueve?
- ¿Contiene una gran idea?
- ¿Hace que aumente mi nivel de energía?
- Cuando la leo, ¿me doy cuenta de que he encontrado algo que me mueve?
- ¿Es lo suficientemente simple como para que me sea fácil recordarla?

LOS VALORES ESENCIALES

Su sueño es el mapa que le muestra cómo llegar a la mejor expresión de usted mismo. Como resultado, recibe energía y dirección de los valores que usted más aprecia. Hacer una lista de sus valores esenciales le ayuda a examinar si la declaración de su visión es verdaderamente un reflejo de su sueño o si fue tan sólo un simple ejercicio. Además, sus valores esenciales le ayudan a mantener su enfoque mientras elabora su sueño en la vida real. Existen múltiples maneras de perseguir cada acción de su vida. Considere los siguientes situaciones hipotéticas:

Le dan un nuevo cargo en el trabajo con responsabilidades de supervisión. Usted tiene la libertad de fijar sus propios horarios. Puede llegar al trabajo antes que los demás empleados para dar un buen ejemplo. Puede llegar en diferentes horarios en días diferentes para evaluar los hábitos de trabajo de aquellos que están bajo su responsabilidad. Puede usar su libertad para fijar un horario que sea beneficioso para su familia. Su decisión emanará de sus valores esenciales.

Usted gana la lotería o recibe una importante herencia de familia. Puede gastar rápidamente el dinero en todas aquellas cosas que siempre ha deseado. Puede donar a las organizaciones de beneficencia que quiera. Puede ayudar a algún pariente o amigo. Puede invertir todo el dinero y vivir de los intereses. Estas opciones son apenas algunas de entre todas las maneras posibles de usar el dinero, pero las que considere emanarán de sus valores esenciales.

Sus hijos ingresan al colegio secundario donde luchan con importantes decisiones sobre sus relaciones, actividades educativas, opciones morales, actividades extraescolares y trayectorias profesionales. Pueden ser atletas, músicos, funcionarios del cuerpo estudiantil o miembros casi invisibles de su clase. Cuando pasan a ser adultos, pueden elegir ser mecánicos, secretarios, vendedores, propietarios de empresas u obreros de fábrica. Pueden permanecer solteros o casarse. Buscan el consejo de adultos confiables y las opiniones que usted les ofrezca serán una extensión de sus valores esenciales.

¿Cómo identifica usted sus valores esenciales? El proceso de identificar lo que verdaderamente nos impulsa implica comenzar a escucharnos a nosotros mismos. En nuestro corazón, tenemos convicciones que expresamos en los dichos que repetimos con frecuencia, las decisiones que tomamos y la manera en que gastamos nuestro dinero. Si estamos dispuestos a echarle una mirada a la historia de nuestra vida, nos vamos a familiarizar con nuestros valores esenciales que tendrían que incluir, como mínimo, afirmaciones que cubren las siguientes áreas:

La ética de trabajo

- ¿Cuánto esfuerzo le dedica a su trabajo?
- ¿Cómo determina cuál es el momento en que ha finalizado una tarea?

La excelencia

- ¿Qué significa excelencia para usted?
- ¿Cuán importante le resulta hacer las cosas con excelencia?

Las prioridades

- ¿Cómo determina lo que es importante para usted?
- ¿Cómo determina qué hacer primero?

La dependencia espiritual

- ¿Qué rol desempeña Dios en su vida diaria?
- ¿Cuán involucrado desea usted que Dios esté en su toma de decisiones?

El control de calidad

- ¿Cómo decide usted cuando algo es "lo suficientemente bueno"?
- ¿Cómo determina usted cuando algo tiene que ser hecho nuevamente?

Las consideraciones morales y éticas

- ¿Qué considera usted que es moralmente aceptable?
- ¿Cómo piensa que tendría que ser tratada la gente?

Tome unos pocos minutos para escribir en el espacio a continuación unas respuestas breves a esas preguntas y luego agregue cualquier declaración que piense que sería adecuada como valor esencial. Luego reduzca todo a la menor cantidad de declaraciones posible.

MIS VALORES ESENCIALES

Como he dicho anteriormente, mi visión personal es ayudar a la mayor cantidad de personas posible a prosperar en las relaciones más importantes de su vida. Para hacerlo, pienso que tengo que sujetarme a los siguientes valores esenciales:

- Voy a evaluar mis decisiones para ver si son compatibles con las verdades bíblicas. (Dependencia espiritual, excelencia)
- Antes de tomar una decisión, le pediré a Dios sabiduría. (Dependencia espiritual)
- De acuerdo con su prioridad en mi vida, haré todo con excelencia: las prioridades A reciben un esfuerzo A; las prioridades B reciben un esfuerzo

B; etc. (Excelencia, ética de trabajo, prioridades, control de calidad)
- Trataré a todo el mundo con el mismo respeto ya que todos han sido creados en la imagen de Dios. (Consideraciones morales y éticas)
- Haré lo que sea correcto porque es simplemente lo que se debe hacer. (Excelencia, control de calidad, consideraciones morales y éticas)
- Con regularidad, tomaré riesgos apropiados. (Control de calidad)
- Buscaré vivir lo que les enseño a los demás. Si no lo estoy haciendo, no lo exporto. (Consideraciones morales y éticas, control de calidad)
- Trabajaré con el esfuerzo que requieren mis objetivos presentes. (Excelencia, ética de trabajo, control de calidad)

Usted notará que cada una de estas declaraciones se aplica a diferentes áreas de la vida. Esto es porque nuestra vida está integrada uniformemente. No tenemos convicciones morales que están separadas de valores espirituales que están separados de nuestra ética de trabajo. Nuestros valores esenciales dirigen todo lo que hacemos y decimos.

Una vez que haya anotado sus valores esenciales, viva con ellos durante algunas semanas y luego pregúntese si está verdaderamente viviendo en consonancia con ellos. Esto es útil porque todos hablamos mejor de lo que vivimos. Esta es exactamente la razón por la cual tenemos un Salvador y por la que él envió al Espíritu Santo para que nos ayudara. Todos hemos expresado nuestras opiniones, ya sea de manera oral o escrita, y descubierto luego que eran tan sólo preferencias intelectuales que no eran lo suficientemente sólidas como para sobrevivir las exigencias de la vida real. Siempre vivimos acorde a nuestros valores, de modo que estos momentos sirven como una oportunidad para cambiar las declaraciones de nuestros valores esenciales para que se ajusten a nuestro comportamiento o para establecer un plan de crecimiento personal que nos ayude a madurar hasta alcanzar nuestros valores.

3

DECIDA ESTAR LISTO

Uno de mis mejores amigos es el capitán Jack. Él forma parte de la fuerza policial de nuestra ciudad y suele compartir historias muy interesantes. Una de mis favoritas es la de un hombre que fue arrestado bajo sospecha de haberle robado el bolso a una mujer. Lo pusieron en fila con otros cuatro hombres para que la víctima pudiera tratar de hacer una identificación positiva. Le pidieron al primer hombre en la fila que diera un paso al frente y dijera: "Deme su bolso". Antes de siquiera responder, el sospechoso habló sin pensar: "Eso no fue lo que dije."

Muchas de las historias de Jack son mucho más intensas que esta y contienen un elemento de riesgo humano inminente. Cuando estaba relatando una de estas historias a un grupo de amigos en común, alguien le preguntó: "¿No tienes miedo cuando te enfrentas a ciertas situaciones en la calle?"

Con mucha calma, Jack respondió: “Vivo de acuerdo al lema: ‘Esté preparado para no tener que prepararse’”.

En un día cualquiera, la gente le hará preguntas, le presentarán problemas, se verá enfrentado a nuevas oportunidades que evaluar y estará obligado a adaptarse a nuevos competidores y nuevas tecnologías. Usted no desea comenzar a prepararse para estas contingencias después de que hayan ocurrido. Desea vivir siempre listo para poder así concentrar sus esfuerzos y recursos en pasos positivos de progreso.

Ninguno de nosotros, por supuesto, puede preparase para cada contingencia que aparezca en nuestro camino. La mayoría de nosotros lo vería como algo aburrido aun cuando eso fuera posible. Sin embargo, nos conviene estar preparados. Hay algunas áreas vitales de nuestra vida personal y profesional que no pueden esperar.

LISTO PARA CORRER

Cada paso de liderazgo que usted toma lo hace con el cuerpo. Cada mensaje que comunica, cada palabra que escribe, cada tarea que cumple y cada reunión a la que concurre es posible gracias a su cuerpo. De hecho, todo lo que el Espíritu Santo hace en usted y por medio de usted involucra su cuerpo, ya que es allí donde el Espíritu Santo habita. “¿Acaso no saben que su cuerpo es templo del Espíritu Santo, quien está en ustedes y al que han recibido de parte de Dios?” (1 Corintios 6:19). Por lo tanto, es sabio deducir que la condición de su cuerpo impactará directamente la eficacia de su liderazgo.

No deseo decir ahora que todos tenemos que desarrollar un cuerpo atlético endurecido por horas de intenso ejercicio semanal. Sin embargo, deseo alentar a todos los que deseen liderar a otros a que sigan un régimen que desarrolle resistencia física, control de peso y movilidad.

El cuerpo humano fue creado para moverse. Nuestro Creador nos ha equipado con una estructura ósea resistente, músculos dinámicos, tejidos conectivos fuertes y articulaciones flexibles. Podemos caminar, correr, saltar, trepar, andar en bicicleta y agarrar herramientas. Parece obvio que Dios le dio a nuestro cuerpo estas habilidades porque desea que nos movamos con regularidad. Parte de ser un líder eficaz es implementar un programa habitual de ejercicio. Hay varios beneficios inherentes a la actividad física:

Usted tendrá más fuerza. Cuanto más use sus músculos, tanto más se habrán de fortalecer. Cuando deja de mantener esos músculos, ellos se atrofian y pierden su vitalidad.

Se sentirá mejor. El ejercicio naturalmente libera endorfinas en su torrente sanguíneo. Estos poderosos químicos bajan la presión arterial y el ritmo cardíaco. Crean una sensación general de bienestar. Además, su apariencia le resultará más atractiva cuando se mire en el espejo.

Va a rebajar su nivel de estrés. El ejercicio tiende a mejorar la concentración. Al hacer ejercicio, usted se va a concentrar en menor cantidad de asuntos, intentará resolver menos problemas y se tomará un recreo de las interminables responsabilidades de su vida. Esta intensidad de concentración le da un descanso al alma y aumenta el nivel de la energía. Además, el ejercicio quema adrenalina y libera la energía emocional acumulada.

Perderá peso. El cuerpo tiene una asombrosa capacidad de sobrevivir. Cuando usted consume más calorías de las que quema durante el día, su cuerpo almacena esas calorías extra como grasa. Lo hace porque tenemos un mecanismo en el cuerpo que cree que tenemos que almacenar nutrientes porque se avecina una crisis. Cuando usted comienza a hacer ejercicio, se pone en funcionamiento otro disparador. Su cuerpo comienza a pensar que tiene suficiente alimento y está ahora listo para entrar en acción. Cuando usted comienza a moverse, su cuerpo desea que le resulte más fácil hacerlo, así que empieza a perder peso. Usted puede acelerar este proceso reduciendo las calorías que consume, pero su cuerpo lo va a recompensar si usted permanece haciendo su rutina de ejercicios.

PASO A PASO

Después de mirar la película *Aladino*, un niño de cinco años llamado Eric comenzó a usar la tetera vacía de su mamá como lámpara mágica, fingiendo que podía convocar al genio para conceder deseos. "Piensa en tres deseos, mamá," le dijo a su madre, "y yo haré que el genio te los conceda."

Su mamá pidió primero rescatar a todos los niños de la pobreza. Eric entonces frotó "la lámpara" y fingió hablar con el genio invisible y proclamó luego que el deseo de su mamá había sido cumplido.

Luego, su mamá pidió una cura para todos los niños enfermos. Nuevamente, Eric frotó la supuesta lámpara y le habló al genio invisible, y luego dijo que el segundo deseo de su mamá había sido satisfecho.

> La madre de Eric se miró luego su figura algo voluminosa y expresó su tercer deseo: "Deseo ser nuevamente delgada."
>
> Ante esto, Eric comenzó a frotar vigorosamente su lámpara. Cuando fue evidente que la magia no estaba funcionando, Eric la miró a su mamá y le dijo con toda naturalidad: "Mamá, ¡pienso que voy a necesitar una magia mucho más poderosa para este deseo!"[11]

No hay fórmulas mágicas, simples procesos o fáciles programas que podamos seguir para mantener una buena salud física. Sin embargo, usted puede tomar algunos pasos estratégicos para mantener su nivel de energía elevado y hacer que su cuerpo sea un lugar donde al Espíritu Santo le resulte cómodo vivir.

Consulte con su médico. Es bueno que usted haga ejercicio, pero hágalo de manera inteligente. Si es nuevo al mundo del ejercicio, comience apropiadamente y que su médico le dé su aprobación. Al diseñar un programa, tenemos que tomar en cuenta varias condiciones físicas. Si usted tiene problemas de alta presión arterial, diabetes, obesidad, problemas en las articulaciones o alguna enfermedad crónica, su régimen tendría que tener en cuenta estas situaciones y es importante que su médico lo observe cuidadosamente. Si estos no son sus problemas, igualmente sería una buena idea obtener el visto bueno de su médico.

Comprométase a realizar una rutina de ejercicios. Los seres humanos nos destacamos por comenzar rutinas de ejercicios y abandonarlas cuando comienzan a ser difíciles o aburridas.

¿Puedo expresar lo obvio? Va a ser difícil y va a ser aburrido algunas veces. No vivimos para hacer ejercicio; hacemos ejercicio para vivir. El beneficio de su rutina de ejercicios reside en el hecho de que es constante. Tenemos que hacer ejercicio día tras día durante varios meses para entrenar a nuestro cuerpo y estar en buena forma.

Tenemos el privilegio de tener diversas opciones para desarrollar un programa que nos permita alcanzar la forma que deseamos. La mayoría de ellas funcionan porque se basan en investigaciones serias del cuerpo humano. Por lo tanto, la que va a funcionar para usted será la que más le guste y la que crea que va a funcionar. Podemos considerar:

- Un régimen de ejercicios diseñado por usted de acuerdo con su experiencia personal.
- Una membresía en el gimnasio local con entrenadores personales que puedan diseñar un programa para usted.
- Participación en clases donde hace ejercicio con otras personas.
- Un programa de DVD que puede realizar en la privacidad de su propia casa.
- Clases recreativas en el colegio comunitario de su zona.
- Clubs locales que ofrecen excursiones de montaña, jogging, piragüismo u otras actividades físicas.
- Un contrato con amigos para reunirse frecuentemente para caminar, correr o andar en bicicleta.
- Una combinación de algunas de estas opciones.

Elija un plan de comidas. Si pudiéramos eliminar nuestras emociones de los alimentos que elegimos, nuestras dietas serían simples problemas matemáticos. Adquirimos calorías por medio de los alimentos que ingerimos. Quemamos calorías mediante los procesos que operan naturalmente en nuestro cuerpo y mediante la actividad física que llevamos a cabo. Si quemamos más de lo que ingerimos, bajamos de peso. Si lo que ingerimos es igual a lo que eliminamos, nuestro peso permanece igual. Si comemos más calorías de lo que quemamos mediante el ejercicio, aumentamos de peso.

El problema reside en nuestro apego emocional a la comida. Cuando comemos, cobran vida muchos de nuestros sentidos. Nuestras papilas gustativas reaccionan a lo que ingerimos. Nuestras glándulas olfativas crean recuerdos de los aromas. Se ha demostrado que las comidas despiertan incluso diferentes aspectos de nuestro cerebro. Por ejemplo, cuando un hombre come, se estimula la parte de su cerebro que lo hace sentirse más feliz. Cuando ingiere esa misma comida una mujer, se estimula la parte de su cerebro que agudiza su vista.

Estas poderosas reacciones a los alimentos hacen que comer sea más que ingerir nuestro sustento. Comemos para mejorar las relaciones. Comemos para aliviar el estrés. Comemos para sentir placer. Comemos para gratificarnos. Para poder controlar los alimentos que ingerimos y mantener el peso deseado, el plan tiene que incluir decisiones que nos permitan refrenar nuestras emociones. Las decisiones son clave porque nuestras emociones siguen a nuestras decisiones.

Podemos pensar en nuestra respuesta emocional a la comida y no hacer ningún cambio. La mayoría de nosotros sabe que no es bueno estar excedido de peso. La mayoría de nosotros sabe que tiene que comer una dieta balanceada. La mayoría de nosotros sabe que tiene que ejercer moderación en cuanto a los fritos y las comidas con alto contenido de grasa y azúcar. Sin embargo, el conocer estos datos no ha logrado jamás cambiarle la vida a nadie. El elegir constantemente actuar de acuerdo a este conocimiento crea nuevos hábitos y da nuevos resultados porque las decisiones enfocan la energía emocional.

También podemos experimentar con disciplinas sin realizar realmente ningún cambio. Esta es la razón por la que muchos de nosotros nos sentimos frustrados tras probar diferentes dietas. Las dietas están bien diseñadas y probablemente tienen impresionantes resultados a corto plazo. Pero la mayoría de las dietas no funcionan ya que las emprendemos como un experimento y no como un compromiso. Nos sentimos bien al comenzar, así que comenzamos con mucho entusiasmo. Pronto se convierten en una rutina y pierden su atractivo emocional. En vez de vencer el aburrimiento adiestrando nuestras emociones, volvemos a las conductas previamente programadas en nuestro ser.

La buena noticia es que podemos capacitar nuestros apegos emocionales. No nacimos con amor hacia ciertos alimentos en particular. Lo fuimos desarrollando con el tiempo. Crecimos acostumbrados a ciertas comidas y tradiciones familiares. Desarrollamos un apego emocional a esas comidas y recuerdos, así que ahora estamos programados para anhelarlos. Como son respuestas aprendidas, podemos volver a capacitarlas. Si seguimos dedicados a un plan disciplinado de comidas, vamos a desarrollar un apego emocional a los alimentos que están allí incluidos. Nuestra alma va a rebelarse al principio porque desea mantener su alianza con las experiencias pasadas. La lucha puede intensificarse, pero luego, en un momento crucial, comienzan a modificarse nuestros apegos. Comenzamos a descubrir que las nuevas opciones de comida nos hacen sentir mejor que las anteriores.

SUS HABILIDADES ÚNICAS

Usted es una persona increíblemente talentosa que trabaja con gente increíblemente talentosa también. Fue creado con al menos una habilidad excepcional que le da un potencial único. Sus habilidades únicas son sólidas y exigen ser expresadas. Como resultado, son inconvenientes e increíbles a la misma vez. Cuando sus habilidades únicas están enfocadas y usted las expresa con humildad, le agrega mucho a su vida. Cuando no tienen ninguna disciplina y usted las expresa con egoísmo, son irritantes y pueden llegar incluso a ser dañinas.

Sus habilidades únicas son tan esenciales a su ser que usted no tiene otra alternativa que construir su vida alrededor de ellas. Cuando las ejercita, siente como nunca que le es fiel a su verdadero yo. Por ende, se siente atraído a la gente que aprecia su contribución única a la vida.

Parte de su misión es identificar las habilidades únicas de la gente que usted lidera y encontrar maneras de utilizar esos talentos para alcanzar su visión. Cuando la gente que está a su cargo pone regularmente sus habilidades únicas en acción, todos sienten mayor confianza, y son más positivos y productivos.

Cuando la gente se siente importante y valorada junto a usted, continúan obedeciendo su liderazgo y creen que sus habilidades pueden contribuir a su visión. La gente desea también estar involucrada en algo mayor que ellos mismos, pero no desean perder su identidad individual en el camino. Debido a esa razón, buscan líderes que tengan una visión en la que puedan creer. Tal vez no lo digan, pero tienen además la expectativa de que lo que mejor hacen será utilizado en el proceso. Desean ayudar a resolver problemas, agregar creatividad, tomar decisiones y lograr que se hagan las cosas. Cuando esto emana de sus habilidades únicas, llevan a cabo la tarea casi sin esfuerzo y se dan cuenta de que este es el propósito para el cual fueron creados. Cuando no pueden utilizar sus habilidades únicas, pierden la motivación y no obtienen resultados.

LOS TALENTOS EXCEPCIONALES

Dado que Dios es un creador excepcional, usted es "una creación admirable" (Salmo 139:14). Usted es un reflejo de su imagen (Génesis 1:27). Como resultado, usted posee habilidades y talentos naturales. Además, el Espíritu de Dios da dones a todos los que han confiado en Cristo como Salvador (1 Corintios 12). El resultado de todo esto es que usted es competente en algunas áreas mientras que lucha en otras.

La idea de que tenemos habilidades únicas es fácil de conceptualizar pero difícil de aplicar. El concepto es que hemos sido creados con talentos naturales que, cuando los ejercitamos, somos competentes y confiados. Cuando se usan nuestros talentos, nos agrada funcionar de acuerdo a nuestras habilidades únicas y somos muy eficaces. Lo mismo ocurre con los dones espirituales. Dado que nos los ha dado Dios y que el Espíritu Santo les da poder, son eficaces al influenciar a otros a ser más fuertes y dedicados. Cuando su don espiritual está en acción, fluye la sabiduría y las tareas vinculadas parecen más fáciles. Sin embargo, esos pensamientos no le dicen cómo descubrir su habilidades únicas o cómo aplicarlas en la vida real.

CÓMO ENCONTRAR LAS CLAVES DE LO EXCEPCIONAL

Su habilidad única crea en usted un tesoro diseñado para tener un impacto en el mundo. El problema es que el tesoro está oculto. Dios ha diseñado la vida de una manera tal que el proceso de descubrimiento es una aventura personal. Es una de las razones por la que como cultura nos intrigan las películas como la serie de Indiana Jones. Él explora la tierra, descifra jeroglíficos y enfrenta peligros para encontrar el tesoro que ha estado oculto por décadas.

De la misma manera, su habilidad única requiere de usted valentía, curiosidad y contemplación para identificar claramente en qué se destaca. Requiere esfuerzo, ya que reconocer nuestra habilidad única nos eleva a un lugar de mucha responsabilidad. Cuando usted se da cuenta de qué es lo que hace mejor que los demás, no puede dar excusas para evitar ejercer su don. Cuando usted está en contacto con sus talentos, no puede estar contento de rendir menos de lo esperado. El saber quiénes somos nos va a motivar siempre a actuar.

Cuando somos inmaduros, tendemos a no ver nuestro talento claramente porque no estamos listos para ingresar al estilo de vida que lógicamente sigue. Cuando estamos muy estresados, nos resulta difícil a menudo concentrarnos en nuestro talento ya que la ansiedad nos roba la energía necesaria para funcionar a un alto nivel. Todos tenemos sofisticadas defensas que nos protegen el corazón cuando no estamos listos para actuar. Una vez que estamos listos para poner en juego nuestra habilidad especial, se levanta toda la niebla de confusión y vemos con claridad nuestras posibilidades.

Sus mejores decisiones, mayor impacto y sabiduría para resolver problemas tendrán lugar cuando usted opere desde sus habilidades únicas. Usted no desea aguardar hasta que la decisión se presente a sí misma o surja el problema para determinar cómo funciona su habilidad única. Esa es la razón por la que tenemos que estar listos. Deseamos identificar nuestro talento, leer acerca de él, practicarlo, hacer ajustes para saber cómo aplicarlo y hablar con otras personas que tengan una mezcla de habilidades similares a las nuestras. A medida que desarrolle su aptitud, aumentará su influencia debido a su mejor desempeño en el tiempo apropiado.

COMENZÓ TEMPRANO

El proceso de descubrimiento comenzó cuando usted era niño. Se dio cuenta de que había algo en usted que anhelaba expresarse. Era poderoso, de modo que usted buscó maneras de manifestarlo. Sin embargo, no había aún madurado, así que le resultaba un poco incómodo. El mundo era cruel, así que lo criticaban y se burlaban de usted mientras intentaba descubrir quién era y cómo se suponía que tenía que impactar el mundo.

Algunos de ustedes enfrentaron el desafío con bastante indiferencia y pudieron ignorar las críticas. Aumentó su confianza a medida que superaban las barreras de su desarrollo. Otros son más sensibles al ridículo. Se sintieron heridos como niños y aún están tratando de encontrar su lugar. Tienen miedo de explorar nuevas posibilidades porque las críticas están aún frescas en su memoria. Prefieren hacer lo que les resulta cómodo, ya que es más seguro, aun cuando sea aburrido.

Como adultos, la presión de nuestros pares no es tan importante y la productividad es una mayor motivación. Probablemente tenemos una familia que sostener, empleados que dependen de nosotros, y el deseo de contribuir en nuestro ámbito profesional. Estos factores hacen que nos ocupemos de explorar maneras de ganarnos la vida. En el proceso, obtenemos experiencia de vida, lo cual ayuda a aclarar quiénes somos.

Nunca ha existido nadie que tenga la misma colección exacta de sabiduría, talentos e intuiciones que usted. Por lo tanto, no hay una lista de habilidades únicas de las que elegir para identificar en lo que usted se destaca. En cambio, hay un trayecto que se irá revelando paso a paso a medida que usted vaya gradualmente descubriendo tanto sus talentos como su propósito. A pesar de que no hay una lista de talentos únicos, ellos operan en categorías. Su habilidad única es una combinación de rasgos tomados de estas categorías.

PRIMERA CATEGORÍA: LAS APTITUDES FÍSICAS

Usted es un cuerpo humano compuesto por huesos, músculos, tejido conectivo y nervios. Las actividades de su cuerpo son coordinadas por su cerebro, la computadora más sofisticada del mundo. El cerebro envía constantemente impulsos al resto del cuerpo instruyéndolo para que realice movimientos voluntarios e involuntarios. A medida que su mente organiza sus movimientos, usted descubre que tiene talento en algunas cosas, mientras que es bastante torpe en otras.

Algunos de ustedes son magníficos para la tendencia actual de hacer las cosas por uno mismo. Les gusta construir y reparar cosas. Les sorprende incluso la habilidad que poseen para encontrar soluciones únicas a problemas físicos.

Algunos de ustedes tienen un talento natural para realizar actividades que involucran las habilidades motrices finas. Tal vez sean artesanos o técnicos con destreza para coser, tejer, bordar o fabricar cosas. Pueden ser profesionales que usan su delicado toque como cirujanos o en la producción de delicados equipos electrónicos. Tienen buen pulso y pueden realizar movimientos complicados con destreza. Su toque puede ser usado para aplicar maquillaje, dar masajes o decorar. Cuando otros tratan de hacer lo que ustedes hacen con tanta facilidad, destruyen aquello que están tratando de arreglar o crear. Lo que nos puede resultar fácil a algunos, otros encuentran imposible de hacer.

Otros de ustedes tienen una talento natural para los deportes y las actividades físicas como la danza o el movimiento. Su confianza en el campo de juego les da confianza en la vida. Estar en buena forma les resulta la única manera de vivir y mientras que otros evitan hacer cosas que los haga traspirar, su vida se siente vacía sin esos esfuerzos.

Desafortunadamente, algunos de ustedes tendrían que evitar totalmente hacer arreglos en el hogar, fabricar cosas y realizar cualquier actividad que requiera destreza física. Cada vez que tocan una herramienta, hacen que las cosas empeoren y todo intento de ahorrar dinero haciendo ustedes mismos la tarea termina por costarles mucho más dinero ya que tienen que contratar a alguien que arregle sus errores.

SEGUNDA CATEGORÍA: LA SABIDURÍA Y PERSPICACIA

Nuestras mentes funcionan increíblemente bien. Reúnen los pensamientos y sacan conclusiones. Sin embargo, algunos de ustedes tienen el inusual talento de entender ciertas áreas de la vida. Tienen perspicacia para las prácticas de negocios que simplifican los procesos complicados. Tienen sabiduría para tomar decisiones, lo cual les da la habilidad de enseñar a otros a hacerlo. Entienden las operaciones financieras, lo cual los convierte en expertos inversores o asesores financieros.

Si esta es su habilidad única, tiene asombrosos momentos de claridad mental. Cuando conversa con otros, ve con toda claridad cuál es el siguiente paso que deben tomar. Puede ver los problemas, los obstáculos y la manera en que se debe proceder de allí en adelante. Ve tan claramente el camino que puede liderar a otros con confianza. Incluso puede impacientarse con los que cuestionan sus conclusiones, ya que la solución es tan evidente para usted.

A nivel personal, a medida que usted ejercita sus dones adquiere una mejor comprensión de cuál es el plan de Dios para su vida. Cuando sirve a los demás, descubre que gran parte de lo que hace por los demás se aplica a usted también. Se convierte en una de esas personas que se benefician del ejercicio de sus dones.

Hace poco estuve conversando con un hombre cuyos dones son el liderazgo y la exhortación. Hablamos de temas de negocios y de las relaciones que ayudan a forjar una sana carrera. "Es asombroso cuánta productividad se pierde debido a los problemas en casa," me dijo. "He notado que en mi propio hogar mi esposa es la que establece el clima para toda la familia." Comenzamos a conversar sobre el impacto de nuestros matrimonios en nuestro productividad, y él me dijo: "Cuando llegue a casa, mi primer objetivo será que mi esposa se sienta segura a mi lado. Estoy seguro de que eso va a ayudar con todo."

Se acababa de dar un consejo a sí mismo de que estaba seguro de que ese era el camino a seguir. Así es como funciona. Cuando usamos nuestros dones para ayudar a los demás, Dios resalta áreas de nuestras relaciones que harán una enorme diferencia.

TERCERA CATEGORÍA: LA TECNOLOGÍA

Vivimos en una era altamente tecnológica. ¡Es difícil creer que una parte tan grande de nuestra vida esté controlada por unos y ceros que se mueven a gran velocidad! Nuestras vidas están realzadas por computadoras, teléfonos inteligentes, reproductores portátiles, cable digital, sistemas de posicionamiento global, la nube digital y sistemas de entretenimiento para el hogar. Sin embargo, el ritmo de crecimiento en la tecnología es tan rápido, que no podemos siquiera imaginarnos las maravillas tecnológicas que nos esperan en el futuro.

En medio de este implacable avance electrónico, quizás usted sea alguien que posee una comprensión inusual de cómo funciona todo esto. Las computadoras son algo simple para usted. Las interconexiones entre redes de computadoras, teléfonos celulares y dispositivos portátiles tienen sentido para usted. Cuando aparece la nueva tecnología, usted no tarda en entenderla y ponerla en marcha.

Tal vez tenga usted una gran aptitud para programar así como para armar y resolver problemas en dispositivos. Todos estamos agradecidos de que usted nos proporcione al resto de nosotros los avances tecnológicos que necesitamos. La mayoría de nosotros jamás podría hacerlo. Cuando usted nos explica cómo funciona la tecnología en su nivel más básico, no tardamos en sentirnos abrumados ante tanta información.

Quizás tenga mucho talento para ayudar a los demás interactuar con la tecnología. Usted acepta que gran parte de la tecnología es un idioma extranjero para la mayoría de la gente que necesita usarla en su trabajo o vida personal. Usted les puede explicar los procedimientos de manera sencilla para que los puedan entender. Usted hace que les resulte más fácil usar sistemas complejos de computadoras para que ellos puedan hacer múltiples aplicaciones.

CUARTA CATEGORÍA: LAS RELACIONES

Tal vez tenga usted un fuerte instinto que le permite entender cómo funcionan las relaciones. Es sensible a los estados de ánimo y las necesidades de la gente. Parece tener la capacidad innata de saber cuándo necesita la gente su ayuda para resolver algún problema. De manera creativa, usted elabora diferentes maneras de comunicarse que inspiran y alientan a los demás.

Algunos de ustedes tienen talento para relacionarse con amigos. Tienen la capacidad de permanecer en contacto con ellos a través de correos electrónicos, medios sociales, conversaciones telefónicas y reuniones en persona. Saben qué es lo que está sucediendo en la vida de ellos y los alientan regularmente en sus empresas.

Otros de ustedes tienen talento para asistir a los demás en sus relaciones. Tal vez lo notaron por primera vez cuando eran adolescentes y sus amigos siempre requerían sus consejos. Realmente no entendían por qué recurrían a ustedes, pero parecían tener respuestas para ellos. Como adultos, han estado ayudando a la gente a entender sus relaciones en una combinación de entornos casuales y formales. Es probable que sus amigos los llamen para que los asesoren. Quizás lideren un estudio bíblico o grupo de oración centrado en las relaciones importantes de la vida de los concurrentes.

Algunos de ustedes tienen la habilidad de ayudar a sanar a los demás. Probablemente tengan una profesión que involucra ayudar a la gente o ayudan a liderar un ministerio de recuperación en sus comunidades. Cuando los demás relatan sus historias, ustedes tienen la asombrosa habilidad de ver el camino que los lleva del dolor a las decisiones saludables. Se sienten abrumados por la cantidad de historias dolorosas que escuchan, pero no pueden escaparse de la intuición que tienen para sanar el corazón de la gente.

Esa es parte de mi habilidad única. Desde que me gradué del seminario, he pasado horas y horas estudiando cómo funcionan las relaciones, ayudando a la gente a resolver problemas de relación y estudiando diferentes maneras de comunicar principios prácticos de relación.

QUINTA CATEGORÍA: EL TALENTO MUSICAL

La música es una fuerza poderosa en nuestra vida. La música nos conmueve, enciende nuestras emociones e incentiva nuestra imaginación. Tiene la capacidad de conectar nuestros pensamientos, emociones y acciones para inspirarnos a realizar el bien.

Algunos de ustedes tienen talento musical para el beneficio del resto de nosotros. Pueden tocar un instrumento o cantar afinados. Sus voces están equipadas para cantar. Entienden los instrumentos musicales y les encanta estudiar música. Pueden tener talento para tocar un instrumento, cantar o componer. Les puede gustar estar sobre un escenario o solos en un estudio de grabación, pero aman la música y tienen el talento de expresarse con el canto.

Sin duda, esta no es parte de mi habilidad. Cuando me convertí en pastor de los jóvenes, decidí aprender a tocar la guitarra. Me gustaba hacerlo, pero me sentía cada vez más frustrado porque no me daba cuenta cuando la guitarra estaba desafinada. Bueno, eso no es del todo cierto. Me daba cuenta cuando veía las muecas de muchos en la audiencia.

SEXTA CATEGORÍA: LAS ARTES CREATIVAS

La expresión creativa es uno de los grandes dones de la vida. Le ha dado origen al teatro, las artes plásticas, el cine, la televisión, la decoración de interiores y las artes gráficas. Si usted tiene ese don, la vida tiene un sentido para usted que el resto no comprende. Usted ve formas, colores y conceptos con una inusual nitidez y belleza. Cuando se expresa, los demás toman conciencia de algo que no habían percibido antes. Miran su obra y dicen: "Esto es increíble." Le piden que diseñe un logotipo, pero no le pueden explicar qué aspecto debe tener. Sólo pueden decirle lo que quieren que exprese. Cuando usted le da forma a ese sentimiento, ellos le dicen: "¡Tal cual! ¿Cómo se le ocurrió eso?" Usted no puede realmente responder a esa pregunta. Sólo sabe que se le ocurrió una idea y que supo que era la correcta.

SÉPTIMA CATEGORÍA: EL LIDERAZGO

Es muy probable que la mayoría de mis lectores sean líderes naturales. Emergen como líderes en todo lo que han estado involucrados en su vida. Sus pares los han elegido para liderar desde que eran niños. Sus ideas son respetadas y los demás llevan a cabo sus órdenes. Tal vez haya usted notado que algunas personas intentan liderar, pero nadie los sigue. Usted, por otra parte, siempre tiene seguidores, incluso cuando preferiría que lo dejaran solo.

Mi esposa Pam tiene este talento. Tomar decisiones es algo natural para ella. Ha escrito libros tales como *Woman of Influence*, *Becoming a Brave New Woman* y *The 10 Best Decisions a Woman Can Make* porque en su corazón está el deseo de marcar el camino para las mujeres. Su amor por ministrar a matrimonios y familias surge de su amor por ayudar a las mujeres a tener éxito en sus relaciones más vitales. Porque es una visionaria, una líder y una mujer que toma decisiones, necesita un esposo que sea flexible y pueda adaptarse cuando ella cambia de dirección, establece planes y va por la vida a un ritmo feroz. Necesita a su alrededor un equipo de gente que la siga y lleve a cabo los planes que pone en movimiento.

Nuestro hijo mayor, Brock, también tiene la habilidad de liderar grupos en entornos competitivos. Recientemente, participé de una reunión del equipo de fútbol que él lidera. Cada jugador recibió un informe para el siguiente partido. A medida que Brock iba leyendo el informe, dividió la tarea en simples pasos con términos conocidos. Era evidente que había pasado semanas elaborando un lenguaje común para el programa. Usó frases como "5 x 5" y "técnica de sombra". No sabía yo lo que significaban, pero evidentemente los jugadores sí lo sabían. Cuando terminó la reunión, todos los jugadores sabían qué tenían que hacer y tenían confianza de que podían hacerlo.

OCTAVA CATEGORÍA: LA COMUNICACIÓN

Puede ser que usted tenga el inusual talento de comunicar principios de vida a los demás. Otros lo escuchan y dicen: "Sí, eso es lo que estaba pensando, pero no sabía cómo decirlo." Tal vez prefiera conversaciones en privado en las que comparte su perspectiva de vida con amigos y quizás busque oportunidades de hacer presentaciones frente a grupos de personas. Tal vez lo atraiga la enseñanza como profesión o le interese dar charlas. Puede ser que descubra que tiene el talento de comunicarse por ondas radiofónicas, de modo que las emisiones radiales o televisivas le resulten una empresa atractiva. De un modo u otro, tiene facilidad para hablar y lograr que principios complejos le resulten fáciles de entender a la gente común.

NOVENA CATEGORÍA: LAS FINANZAS

En la escuela primaria, algunos hemos aprendido sobre el personaje mitológico llamado Midas. Todo lo que este rey tocaba se convertía en oro. Algunos de ustedes tienen ese toque. Aman las finanzas y tienen talento para ganar dinero y ahorrarlo. Les encanta la emoción de cerrar un trato o ver cómo se acumulan los intereses. Las hojas de cálculo les abrigan el alma.

Por lo general, la gente con este don llevan una vida muy agitada. Pueden ser ejecutivos empresariales o empresarios, pero sea cual sea el cargo, trabajan muchas horas al día. La persona que está casada con alguien con este toque de Midas necesita valorar estar casada con alguien a quien Dios le confía recursos porque han comprobado ser buenos mayordomos.

RECOPILE LAS EVIDENCIAS

Evalúese en una escala del 0 al 5 para cada una de las categorías en la tabla a continuación. Un puntaje de 0 significa que usted no tiene un talento mensurable en esa área. Un 5 significa que usted es muy competente en ese ámbito.

CATEGORÍA DE LA HABILIDAD ÚNICA	PUNTAJE
Aptitudes físicas	
Sabiduría y perspicacia	
Tecnología	
Relaciones	
Talento musical	
Artes creativas	
Liderazgo	
Comunicación	
Finanzas	

Para cada categoría que haya marcado con un 4 o 5, tome los siguientes pasos:

- Repase un libro, revista, artículo de Internet o podcast que le ayude a crecer en esa área.
- Identifique a alguien que sea también talentoso en esa área. Haga una cita para preguntarles cómo han desarrollado ese talento en su vida.
- Aumente de a una hora por semana el tiempo que pasa trabajando en esa área.
- Haga la siguiente oración insertando sus habilidades únicas en los espacios en blanco.

ORACIÓN ESTRATÉGICA

Sé que fui creado con (inserte aquí sus habilidades únicas) para que pueda ser altamente eficaz en mi vida. Cuando estaba en el vientre de mi madre fui creado de una manera admirable y maravillosa (Salmo 139:14). Soy talentoso y mis habilidades únicas de (inserte aquí sus habilidades únicas) están diseñadas para ser utilizadas por completo. Soy tu obra, Señor, creado en Cristo Jesús para buenas obras a fin de ponerlas en práctica (Efesios 2:10). La gente que lidero es también talentosa de modo que puedo ayudarlos sin sacrificar mi propio éxito (Hebreos 10:24-25). También entiendo que es siempre bueno hacer lo correcto y que jamás un verdadero éxito puede provenir de hacer el mal (1 Pedro 2:15). Por lo tanto, yo me comprometo a hacer el bien a aquellos a quienes lidero alentándolos todos los días mientras dure ese "hoy" (Hebreos 3:13). Jesús, te pido que me des sabiduría para vitalizar todas las habilidades únicas que existen en mi organización. Amén.

4

DECIDA SER AUTÉNTICO

Ese día había comenzado como cualquier otro. El despertador sonó a la hora de siempre. Pete se levantó de la cama, tomó su primer taza de café del día y se preparó para ir a trabajar. Él y sus colegas comenzaron a realizar sus tareas diarias como cualquier otro día normal de trabajo. Pero ese día resultó frustrante. Trabajaron con ahínco, pero las circunstancias no cooperaban demasiado bien, de modo que los resultados fueron mediocres. Pasaron más tiempo dedicados al mantenimiento y práctica de sus habilidades que en alcanzar sus objetivos.

Luego, sin haberlo planeado de antemano, un predicador local pidió prestado el vehículo de Pete para poder pararse sobre él y dar un sermón espontáneo. Pete sentía afecto por este predicador y ya que no tenía nada mejor que hacer ese día, se lo prestó. Después de terminado el sermón, el modesto predicador alentó a Pete y sus colegas a regresar al trabajo y hacer exactamente lo mismo que habían estado haciendo durante todo el día.

Casi podemos escuchar lo que piensa Pete. *Este predicador pide prestado mi vehículo de trabajo y ahora piensa que es un experto en lo que yo hago para ganarme la vida. ¡Qué pérdida de tiempo! Pero hay una audiencia y si me opongo a él, eso afectará mi reputación. Si acepto su consejo, voy a desperdiciar un par de horas, lo cual no quiero hacer, pero creo que no tengo alternativa.*

A regañadientes, Pedro, Jacobo y Juan cargaron sus redes, volvieron a sus barcas y regresaron a las mismas aguas donde no habían pescado nada en todo el día. Pero cuando echaron las redes, "recogieron una cantidad tan grande de peces que las redes se les rompían" (Lucas 5:6).

De repente, la vida había cambiado. El hombre que pensaban que era tan sólo un predicador local mostró que tenía autoridad sobre la naturaleza. La autoconfianza de Pedro se convirtió rápidamente en conciencia de sí mismo: "¡Apártate de mí, Señor; soy un pecador!" (5:8). Sus carreras quedaron transformadas mediante una simple afirmación: "No temas; desde ahora serás pescador de hombres" (5:10). Antes de siquiera poder procesar la magnitud de lo ocurrido "llevaron las barcas a tierra y, dejándolo todo, siguieron a Jesús" (5:11).

ACOSTÚMBRESE A QUE LAS COSAS OCURREN RÁPIDAMENTE

Como líder, es probable que usted sea muy trabajador, entusiasta y determinado a lograr que algo ocurra en su mundo. El resto de nosotros contamos con usted a medida que aumenta nuestra confianza debido a su audacia y determinación. A la misma vez, usted no puede hacerlo todo. En su capacidad de logro, sigue siendo limitado. En su influencia, sólo puede lograr que la gente avance hasta un cierto punto. Todos lo sabemos, de modo que buscamos líderes que sean auténticos. Deseamos líderes que vean la vida como realmente es y que contiendan con su propia humanidad con honestidad mientras que creen a la misma vez en la eficacia de su liderazgo.

Gran parte de ser auténtico es aceptar que en cualquier día, en cualquier momento, su vida puede cambiar. Dios tiene el control absoluto sobre nuestra vida, de modo que cualquier día puede ser el momento en que hay un avance, o que un contratiempo forja su carácter o que se define su propósito con mayor claridad.

Cuando observo mi vida, los pasos más importantes sucedieron con rapidez. Simplemente fui al cine cuando tenía dieciséis años y me vi enfrentado a la necesidad de un Salvador. Cuando tenía diecinueve años, concurrí a una conferencia de liderazgo, sin tener idea de que conocería allí a quien luego sería mi esposa. En un día como cualquier otro, escuché las palabras: "¡Vamos a tener un hijo!" Cuando era pastor, le pedí a Jim Conway que fuera mi mentor, sin saber que un día, de la nada, nos retaría a Pam y a mí a ser autores. En una simple visita al consultorio del médico por una infección de los senos nasales, me preguntaron: "¿Cuánto tiempo hace que tiene alta la presión arterial?"

Esos momentos cambiaron rápida e inesperadamente mi vida. No era posible al comienzo de cada uno de esos día predecir cuán importantes serían, pero cada uno de ellos llevó a decisiones clave y a ajustes de gran envergadura en mi vida. Hoy podría ser uno de esos días. Por supuesto, hoy podría ser otro de esos días normales de preparación para uno de esos otros días. De una manera u otra, el ser auténtico significa vivir el hoy con una paciente anticipación. Hoy cumplimos fielmente nuestras responsabilidades como líderes, pero permanecemos dispuestos a responder rápidamente al momento en que Jesús realice un cambio en nuestra vida.

LO QUE REALMENTE IMPORTA

El liderazgo nos pone en situaciones que exponen nuestro carácter y, a menudo, no podemos planificar cuándo habrán de acontecer. Alguien entra en nuestra oficina con un problema que requiere nuestra completa atención. Nos presentan un informe financiero que entorpece nuestros planes. Experimentamos un éxito repentino que eleva las expectativas de la gente que nos rodea. Momentos como estos hacen que nuestras prioridades y carácter personal salgan a la superficie y muestran cuál es nuestra verdadera esencia.

Cuando la vida es fácil y sin estrés, podemos desempeñar nuestro rol y actuar de manera correcta. Cuando el estrés es mucho y las interrupciones son intensas, aparece nuestro verdadero yo. Una de las preguntas más estratégicas que puede hacer un líder es: "¿Quién soy yo realmente? Cuando estoy bajo presión, ¿qué terminará por ser verdaderamente importante para mí?"

En Hechos 24, Pablo tuvo la oportunidad de hablar varias veces con Félix, el gobernador, sobre los temas más importantes de la vida. Porque Félix estaba casado con una mujer judía, estaba interesado en las cosas judías y se preguntaba por qué este nuevo movimiento, luego llamado "el Camino", era tan popular. En sus interacciones, Pablo habla sobre tres temas principales que reflejan verdades eternas: verdades que dieron forma a quién él era y los objetivos a los que dedicaba su tiempo, recursos y atención:

"Al disertar Pablo sobre la justicia, el dominio propio y el juicio venidero, Félix tuvo miedo y le dijo: '¡Basta por ahora! Puedes retirarte. Cuando sea oportuno te mandaré llamar otra vez'" (24:25).

La justicia. Esta no es la justicia que nace de nuestro propio esfuerzo y que dice: "Me voy a esforzar aún más por ser mejor de lo que soy". Es la justicia que nos es dada cuando confiamos en Cristo como nuestro Salvador. Es la habilidad del Espíritu Santo en nosotros de producir una conducta que va más allá de nuestra habilidad natural.

La imagen que salta en mi mente es la de cuando anduvimos en nuestras motos acuáticas en el río Colorado con mis hijos. Yo estaba en el asiento de atrás mientras que Caleb, que tenía en ese momento quince años, manejaba. Él apretó el acelerador y nos impulsó por la superficie del agua a sesenta y cinco millas por hora. Lo único que yo podía hacer era agarrarme fuerte y esperar que todo fuera bien. Mientras volábamos por el agua, se me ocurrió que yo nunca podría nadar a esa velocidad. No importa cuánto tratara de hacerlo o cuánto me entrenara para ello, me resultaría imposible viajar a esa velocidad por el agua. Pero arriba de esa máquina era fácil hacerlo.

La verdadera justicia es el poder del Espíritu Santo obrando en nosotros, haciendo que nos resulte fácil hacer lo que de otra manera nos resultaría imposible.

El dominio propio. Este es el fruto del Espíritu que nos permite decir que no a lo que es malsano, sí a lo que es sano y permanecer fiel a nuestros compromisos. Nuestro hacedor nos ha dado pasiones para que vivamos vidas enérgicas y dinámicas. Sin dominio propio, esas pasiones son destructivas y se centran en lo equivocado. Gran parte de la historia humana es el relato de gente que no pudo, o no quiso, controlar su apetito por el poder, las pasiones sexuales y las conductas adictivas. Casi todos ellos comenzaron con el deseo de construir algo digno, pero terminaron con vidas vacías y relaciones fallidas. El verdadero éxito sólo puede ser obtenido conduciendo las poderosas pasiones de la vida con dominio propio.

El juicio venidero. El gran ecualizador de la vida es el acontecimiento final cuando todos estaremos de pie frente a nuestro Creador para dar cuenta de nuestra vida. No tendría que ser una sorpresa. Todos respondemos a nuestros padres, maestros o jefes. Sin liderazgo, todo se encamina hacia el caos. De la misma manera, sin un árbitro, todo sería penoso y caótico. Jesús es fiel y va a presidir un tribunal al final de nuestra vida para arreglar todas las cuentas y suministrar recompensas o consecuencias. Los que creen que esto va a realmente ocurrir evalúan continuamente sus vidas con alegría. Los que niegan que esto habrá de ocurrir dejan que su imaginación correr con desenfreno. Alguien tiene que ser el referí. Me alegra que sea el Creador el que todo lo ve.

¿Y usted? ¿Cuáles son las cosas verdaderamente importantes que lo guían como líder? ¿Cuáles son los temas sobre los que generalmente conversa? ¿Qué temas lo inquietan cuando alguien los desafía o entorpece?

RESPETE EL PODER

Los líderes que se comprometen a ser auténticos reconocen que fuimos creados con un poder inherente. Nuestras palabras pueden sanar heridas emocionales, movilizar a la gente, frustrar sus esfuerzos o educarlos para que alcancen excelencia. Nuestras decisiones pueden guiar movimientos o hacer que su impulso se deteriore. Nuestras decisiones morales pueden darles valentía a los demás para que vivan de manera sana o pueden causar daño a familias, carreras, amistades y felicidad personal.

Yo solía pensar en versículos como "Quiero triunfar en el camino de perfección" (Salmo 101:2) como un llamado a una noble autodisciplina que me evitaría sentirme avergonzado cuando me encontrara cara a cara con Jesús. Luego viajé a Alemania y fui por la carretera llamada *autobahn*. Íbamos a una cómoda velocidad de 120 millas por hora cuando nos pasó un Porsche 911 Turbo como si estuviéramos detenidos. ¡Qué emoción! Me estimuló el alma con imágenes, sonidos y emociones. Me sentí como una fiera persiguiendo a su presa cuando le di un vistazo en el espejo retrovisor al vehículo plateado que se acercaba. Al pasarnos, fue como el destello de un relámpago. Había algo casi primitivo en el rugir de los motores y el chillido del turbocompresor a medida que se iba alejando a tanta velocidad que apenas podíamos absorber la experiencia. Pensé: *Vaya, eso fue fantástico. Cuánto desearía poder estar en el asiento del conductor. Debe ser una locura ir a esa velocidad con tantos caballos de fuerza a nuestro alcance.*

Cuando más tarde pasamos ese mismo vehículo, cambiaron mis pensamientos. El automóvil había perdido el control y ocasionado un violento accidente. Aún podían verse pedazos de metal plateado, pero era casi imposible reconocer al coche. Las partes estaban desparramas por toda la carretera y los campos circundantes y salían fuego y humo de los restos del accidente. En el lugar había personal de rescate, pero uno podía ver por sus expresiones que el conductor había experimentado su última gran carrera. Todos tuvimos que reducir la velocidad mientras que los oficiales se hacían cargo de la situación. El poder que había sido tan impresionante menos de una hora atrás había generado ahora un daño extraordinario.

Ahora mis pensamientos eran diferentes: *Qué máquina tan poderosa. Me imagino que el conductor tendría que haber prestado más atención. Cuando uno va a esa velocidad, no es difícil que una experiencia apasionante se convierta en un desastre.*

El poder inherente de nuestras vidas es la verdadera razón por la que todos tenemos que prestar atención a la manera en que vivimos. Somos mucho más parecidos al Porsche de lo que nos imaginamos. Tenemos más influencia en una mayor cantidad de gente de lo que nos imaginamos. Si alguna vez aceptamos que nuestra vida está impresionantemente equipada y es asombrosamente capaz, le prestaremos más atención a cómo vivimos. Veremos los pensamientos de David en el Salmo 101 como el manual del conductor para nuestra vida:

- Quiero conducirme en mi propia casa con integridad de corazón (v. 2).
- No me pondré como meta nada en que haya perversidad (v. 3).
- Las acciones de gente desleal las aborrezco; no tendrán nada que ver conmigo (v. 3).
- No tendrá cabida en mí la maldad (v. 4).
- Al de ojos altivos y corazón soberbio no lo soportaré (v. 5).
- Pondré mis ojos en los fieles de la tierra (v. 6).

- Sólo estarán a mi servicio los de conducta intachable (v. 6).
- Jamás habitará bajo mi techo nadie que practique el engaño (v. 7).

Sin embargo, si asumimos que nuestra vida carece de importancia y nuestras acciones realmente no afectan a nadie, vamos a vivir de manera irresponsable. Cada tanto, escucho la historia de alguien que no supo calcular el poder de su vida. Pensaron que sus acciones no importaban. Supusieron que nadie saldría lastimado. Se negaron a creer que sus vidas eran altamente influyentes. Luego llegó ese momento en que perdieron el control y fue horrible la catástrofe.

El tener una visión realista de nuestra vida nos lleva a respetar su poder.

LA CORRECCIÓN DEL RUMBO

El liderazgo implica guiar a la gente hacia su visión mediante el logro de objetivos estratégicos. En el proceso, individuos, grupos y organizaciones se salen a veces del camino. A veces, la gente se aparta del rumbo debido a un esfuerzo sincero. Están tratando de hacer lo mejor posible, pero alcanzan conclusiones incorrectas. Otras veces, son obstinados u orgullosos y intentan deliberadamente apoderarse de la dirección de la organización. En ambos casos, los verdaderos líderes reconocen que la gente tiende a perder de vista la meta, pero está dispuesta a hacer correcciones en la mitad del camino para recuperar el rumbo perdido.

Pablo escribió el libro de Gálatas porque algunos buenos amigos en la provincia de Galacia habían perdido el rumbo en una de las cosas más importantes para él. Para captar su atención, Pablo responde con severas palabras: "Pero aun si alguno de nosotros o un ángel del cielo les predicara un evangelio distinto del que les hemos predicado, ¡que caiga bajo maldición!" (1:8). Obviamente, el evangelio era la cosa más importante en la vida de Pablo y con razón. El evangelio lo había salvado de sí mismo y de una terrible eternidad. Él se apoyaba mucho en él porque:

- Le había dado su propósito: "Pablo, apóstol, no por investidura ni mediación humanas, sino por Jesucristo" (v. 1).
- Era lo suficientemente poderoso como para darle dirección, ya que había sido hecho posible por "Dios Padre, que lo levantó [a Cristo] de entre los muertos" (v. 1).
- Estaba abnegadamente asegurado por Cristo, quien "dio su vida por nuestros pecados" (v. 4).
- Proporcionaba seguridad en un mundo inseguro porque lo rescataba "de este mundo malvado" (v. 4).
- Ponía en libertad a la gente (incluido Pablo) por medio de "quien los llamó por la gracia de Cristo" (v. 6).

Pablo había experimentado transformación mediante su relación con Cristo. Pasó de perseguir a la iglesia a proclamar el mismo mensaje que había intentado silenciar. Pasó de estar sometido a una larga lista de obligaciones a la libertad de un mundo de logros. Pasó de ir tras un esfuerzo equivocado a un propósito dado por Dios con el poder del Espíritu Santo. Le había dado forma a su vida, mejorado su actitud y satisfecho su alma a pesar de las dificultades presentes. Había sido tan eficaz que Pablo no aceptaba sustitutos. En cambio, lo había impulsado a realizar correcciones en su vida y a desafiar a los que lideraba para que cambiaran su rumbo donde fuera necesario.

¿Qué áreas de su responsabilidad requieren que sepa cuándo es necesario realizar correcciones? Estoy de acuerdo con Pablo en que las buenas nuevas de la muerte y resurrección de Jesús son el mensaje más importante sobre la tierra. También diría que el día que conocí a Jesús cuando tenía dieciséis años fue el día más formativo de mi vida. Despertó algo en mí que no sabía que existía. Le dio forma a la dirección de mi vida y sembró en mi el deseo de dedicarme al ministerio. Tanto es así que cuando mi ministerio no está avanzando de la manera que deseo, me frustro. Se instala en mí una frustración que tengo que atender. Mi mente gira alrededor de qué hacer para que las cosas vuelvan a ponerse en movimiento. Mis emociones se agitan en mí hasta que encuentro una solución que me permita operar a toda velocidad. Ignoro las otras prioridades menores para darle lugar a tareas que revitalicen los asuntos más importantes.

Todos los líderes que conozco hacen lo mismo. El contenido de la visión que los guía puede ser diferente al mío, pero lo protegen con la misma intensidad. Lo persiguen con el mismo fervor. Planean sus vidas en torno a él con la misma determinación. Se esfuerzan sin importarles el precio, la paz de sus relaciones o su salud personal.

El ser auténticos significa ser conscientes de estas áreas para luego no reaccionar desproporcionadamente. Todos estamos emocionalmente apegados a nuestras áreas de liderazgo, por lo tanto es normal que nos enojemos, sintamos temor, desaliento o que nos desesperemos cuando las cosas son descuidadas o distorsionadas de su plan original. La gran pregunta es entonces: ¿Cuál es su máxima prioridad como líder? ¿Vale la pena aferrarse a ella? ¿Es lo suficientemente poderosa como para realizar las correcciones adecuadas de rumbo en su vida personal y sus responsabilidades de liderazgo? Cuando la respuesta es no, es necesario realizar un cambio. Cuando la respuesta es sí, ella se convierte en una fuerza poderosa que fortalece su confianza y expande su influencia.

LOS LÍDERES AUTÉNTICOS SIRVEN A LOS DEMÁS

Uno de los grandes conceptos de la vida cristiana es el servicio. Jesús dijo: "El más importante entre ustedes será siervo de los demás" (Mateo 23:11). Suena bueno y noble, pero tiene serias implicancias. Los siervos responden a las iniciativas de sus amos. Los siervos viven para el bien de los demás. Los siervos hacen sacrificios que benefician a otros.

Al considerar esto, no puedo escapar la conclusión de que mucho de lo que sucede en mi vida no es personal. Hace años, le dije a Dios que deseaba ser su siervo. No sabía todo lo que esto implicaba, pero lo dije de todo corazón. Desde entonces, aprendí que Dios hace que sus siervos pasen por muchas experiencias para que después puedan entender a aquellos que han tenido experiencias similares. Muchas de las dificultades, correcciones, desafíos y bendiciones están allí para capacitarnos. No son en respuesta a nada que hayamos hecho o no.

Los verdaderos siervos aceptan el proceso abnegado de entrega al hacer repetidamente estas dos preguntas:

- ¿Cuáles son las mayores necesidades de los que lidero?
- ¿Qué es lo mejor que puedo hacer para satisfacer esas necesidades?

Este es el enfoque que escogió Jesús. Observó las necesidades de los seres humanos y concluyó que nuestra necesidad más grande es el perdón. Vio nuestra necesidad de las cosas básicas, de compañerismo, de provisión financiera y de crecimiento personal. Sin embargo, Jesús sabía que esas necesidades empalidecían en comparación con nuestra necesidad de ser perdonados para poder así recibir salvación eterna como un don de su gracia. Por consiguiente, decidió entregar su vida como el sacrificio necesario. Sufrió, pero no fue por algo que hubiera hecho. Se humilló, pero no fue porque tenía la necesidad personal de hacerlo. Aceptó críticas y acusaciones sin responder a ellas, no por haber hecho algo malo, sino porque necesitamos un Salvador.

Este es un principio difícil de imitar. Cuando las cosas son difíciles, es fácil ser introspectivo y deducir que los reveses deben ser el resultado de nuestra falta de talento, perspectiva o madurez. De hecho, yo cometo errores. Por ende, de vez en cuando merezco ser disciplinado. Pero a menudo no es así. Intelectualmente acepto que Dios está obrando en mí para equiparme para que ayude a otros, de modo que he comenzado a orar de manera diferente: *Jesús, voy a inferir que los desafíos que enfrento tienen el propósito de capacitarme y que son para el beneficio de otros. Dame la sabiduría para reconocer cuando las dificultades en mi vida son el resultado de mi conducta o actitud. También, dame el deseo de ser un ejemplo para los demás de tu gracia y tu justicia.*

LA TENTACIÓN DE TOMAR ATAJOS

Cuando estamos tratando de ayudar a la gente para que prospere en su vida sentimos la tentación de tomar atajos para conservar recursos y energía. Por cierto, no tiene nada de malo tomar un camino más eficiente para alcanzar un objetivo, siempre y cuando no ignoremos los elementos cruciales del proceso. Pero los siervos hacen todo el trabajo *que sea necesario*, aun cuando les resulte inconveniente o ineficiente.

Jesús estableció la norma en cuanto a la tentación: "Porque no tenemos un sumo sacerdote incapaz de compadecerse de nuestras debilidades, sino uno que ha sido tentado en todo de la misma manera que nosotros, aunque sin pecado" (Hebreos 4:15). Cuando leí este versículo por primera vez, admito que pensé: *Esto no es posible. Jesús es Dios y, por cierto, yo no lo soy. La mayoría de mis tentaciones son insignificantes y egoístas. No hay manera de que Jesús fuera tentado así.*

Desde entonces, me consuela el hecho de que mi Salvador sea auténtico. Él sabe lo que es vivir una vida humana verdadera con todos sus desafíos. Una de las tentaciones a la que se vio enfrentado que le dio una clara comprensión de nuestra vida fue la tentación a tomar un atajo cuando en realidad era necesario completar todo el trayecto.

Lucas 4 contiene un resumen de los cuarenta días de tentación de Jesús en el desierto. Estoy seguro de que hubo más de tres instancias durante ese período en las que Satanás trató de hacer tropezar a Jesús, pero estas tres resumen las tácticas del enemigo y todas incluyen un atajo.

> —Si eres el Hijo de Dios —le propuso el diablo—, dile a esta piedra que se convierta en pan. (Lucas 4:3)

Sin ninguna duda, Jesús estaba hambriento, pero existía la creencia popular de que el Mesías traería algo así como el maná cuando viniera a liberar a Israel. Satanás le está diciendo: "Si conviertes estas piedras en pan, nos podemos ocupar no sólo de tu necesidad de comer, sino que también podemos anunciar quién verdaderamente eres y avanzar con nuestro programa."

> Entonces el diablo lo llevó a un lugar alto y le mostró en un instante todos los reinos del mundo. —Sobre estos reinos y todo su esplendor —le dijo—, te daré la autoridad, porque a mí me ha sido entregada, y puedo dársela a quien yo quiera. Así que, si me adoras, todo será tuyo. (4:5-7)

En la tentación original, Satanás le había logrado arrebatar el dominio del mundo a Adán. Ahora se lo estaba ofreciendo a Jesús. Le está diciendo: "Sé que tu plan es gobernarlo todo, y conozco la manera de entregártelo sin que tengas que ir a la cruz. No tienes que sacrificarte. ¡Yo te lo puedo dar ahora mismo!"

Aquí es donde vemos con la mayor claridad la tentación de tomar un atajo. Satanás podría haberlo hecho. Legítimamente, Jesús podría haber asumido el gobierno del mundo, pero hubiera estado liderando gente no redimida para siempre. El ciclo de muerte no habría cesado jamás ya que no hubiera habido ninguna solución para el pecado de la humanidad. La antigua naturaleza del hombre hubiera sido una lucha eterna porque jamás se habría instituido el proceso del nuevo nacimiento. Jesús sabía que el camino más prolongado era la única manera de satisfacer el plan.

> El diablo lo llevó luego a Jerusalén e hizo que se pusiera de pie en la parte más alta del templo, y le dijo:
> —Si eres el Hijo de Dios, ¡tírate de aquí! (4:9)

Satanás cambió aquí de táctica y dijo: "Muy bien, ya que estás decidido a cumplir con tu plan, ¿qué tal si comenzamos el espectáculo? Si deseas que la gente sepa quién eres para poder convertirte así en su Mesías, por qué no te tiras de la parte más alta del templo así los ángeles te pueden ayudar a hacer un aterrizaje milagroso. Después de todo, uno nunca tiene una segunda oportunidad de dar una primera impresión. ¡Apostemos el todo por el todo!
Sin duda, Jesús podría haberlo hecho, pero sabía que demasiada atención demasiado pronto hubiera coartado su objetivo. Llevaría tiempo capacitar a sus seguidores y establecer sus credenciales.

La obra más importante del mundo iba a llevar tiempo. Jesús era lo suficientemente inteligente a los doce años como para comenzar su ministerio público, pero esperó hasta tener treinta. Era lo suficientemente poderoso a los treinta como para sacrificarse a sí mismo, pero tardó tres años en capacitar a sus discípulos para que lo pudieran suceder como sus apóstoles.

Los atajos son una gran ventaja, pero no son un sustituto para finalizar la carrera.

EL ENTUSIASMO

Ser auténtico significa admitir que todos somos propensos a llegar a la conclusión egoísta y egocéntrica de que nuestras vidas son el tema más importante y más dramático que hay. La verdad es que todos somos parte de un relato global e histórico orquestado por Dios mismo. Como resultado, suceden algunas cosas excepcionales que nos involucran porque somos el reflejo de la imagen de Dios. Sin embargo, toda la gente que nos rodea tiene la misma probabilidad de hacer asombrosas hazañas con la ayuda de Dios. Es esta la razón por la que la humildad es un ingrediente tan importante en la vida de los líderes. La humildad dice: "Por supuesto que soy muy bueno para hacer algunas cosas, ya que Dios está obrando en mí. De la misma manera, otros son buenos para otras cosas porque Dios está también obrando en ellos. ¡Celebro que Dios esté obrando en nosotros!"

Todavía estoy impresionado por una familia que conocí recientemente. Yo estaba oficiando una simple boda seguida por una recepción en la casa de la nueva pareja. Me senté a almorzar con lo que parecía una familia muy normal. Ante mi sorpresa, ¡me revelaron que, como diversión, cazaban osos! Tenían una jauría de perros entrenados para perseguir a los osos y obligarlos a subirse a un árbol. Los cazadores se acercaban entonces a su presa. Sin embargo, no cazaban con rifles. Los cazaban con cámaras. Eran como los paparazzi del bosque y tenían algunas de las fotos más espectaculares que haya visto jamás. Se colocaban a diez o doce pies de estos poderosos animales para poder tomar fotografías de ellos en su hábitat natural.

Le pregunté a uno de ellos:

—¿No tiene miedo que el oso salte del árbol y lo ataque?

—No, los perros nunca lo permitirían— me contestó.

Me sentí empequeñecido, pero inspirado a la vez. He disfrutado de algunas magníficas experiencias, pero jamás he hecho nada similar a esto. Sin embargo, ahora sé que es posible. Y ese es el tema. Las grandes cosas son posibles porque tenemos un gran Dios que vive en nosotros y que tiene poder, conocimientos, valentía, enfoque y un espíritu de aventura. De manera correcta, el dejarnos llevar por el entusiasmo en la vida es esperado porque Dios hace regularmente cosas que exceden nuestra imaginación.

LOS NEUMÁTICOS ENLODADOS

Cada tanto escucho un comentario que atrapa mi atención y me da mucho que pensar. Me ocurrió recientemente con uno de mis hijos. Él adoptó el ciclismo de montaña como pasatiempo y decidió explorar un nuevo sendero. Había estado nevando dos semanas atrás y las temperaturas habían oscilado entre veintitantos durante la noche a casi cincuenta grados Fahrenheit durante el día. Investigó el sendero en el Internet y planeó cuidadosamente su ruta. Sin embargo, lo que no tomó en cuenta fue que la nieve que se estaba lentamente derritiendo afectaría el camino. Le pregunté cómo había sido el paseo.

"No fui demasiado lejos," me dijo. "Se acumuló tanto lodo en mis neumáticos que dejaron de moverse. Tuve que sacar el lodo y las piedras de las bandas rodantes. Finalmente, tuve que dar la vuelta, encontrar una manguera y volver a casa por calles pavimentadas."

Nos reímos con el relato, pero la idea de que el lodo acumulado había detenido su marcha se quedó impresa en mi mente. Me hacía recordar que los líderes auténticos esperan toparse con obstáculos y desarrollan un plan para superarlos. Consideremos algunas de las maneras en que esto se aplica a nuestra vida.

La vida es tan compleja que es difícil predecir cada obstáculo. Puedo establecer objetivos, planear un curso de acción, anticipar los desafíos y aún así perder de vista un dato importante (como que la nieve al derretirse genera lodo). El permanecer lo suficientemente flexibles como para hacer correcciones a mitad de camino es tan importante como estar firmemente comprometidos con la tarea.

En esta vida, el lodo se acumula. Cuando es poco, no es demasiado difícil ocuparnos del problema. "Si confesamos nuestros pecados, Dios, que es fiel y justo, nos los perdonará y nos limpiará de toda maldad" (1 Juan 1:9). Podemos usar la manguera y volver al sendero sin demasiado esfuerzo ni agonía.

Cuando mucho lodo atasca las tareas de mi vida, tengo que tomar importantes decisiones y aplicar un esfuerzo conjunto. "Acérquense a Dios, y él se acercará a ustedes. ¡Pecadores, límpiense las manos! ¡Ustedes los inconstantes, purifiquen su corazón!" (Santiago 4:8). Si mi hijo hubiera seguido con terquedad, habría tenido un día muy largo. Podría haber sacado el lodo de sus neumáticos, luego andar un par de metros, y luego repetir el proceso, pero todo esto lo habría agotado innecesariamente. Podría haberse bajado de la bicicleta para empujarla por el sendero, pero esto habría malogrado el propósito del paseo. Podría haberse enojado y haber puesto más esfuerzo en el pedaleo, pero esto lo habría cansado sin producir un mejor resultado. Lo mejor que podía hacer es dar la vuelta, aprender de su desventura y ser más sabio la próxima vez.

Cuando los líderes se niegan a realizar cambios al enlodarse sus neumáticos, pierden influencia. Todos luchamos con deseos de nuestro corazón que nos conducen a senderos malsanos y poco productivos. A pesar de nuestras mejores intenciones, todos nos topamos con obstáculos.

Todos nos enfrentamos con decisiones que pueden complicar innecesariamente nuestra vida y detener nuestro avance. De modo que, con frecuencia, seguimos avanzando en la misma dirección en vez de admitir el error y dar la vuelta, lo cual puede generar momentos algo desagradables.

> Después de veinticinco años en la misma parroquia, el padre O'Shaunessey estaba diciendo adiós en su cena de despedida. Le habían pedido a un eminente miembro de la congregación —un importante político— que hiciera la presentación y que diera un breve discurso, pero estaba llegando tarde.
>
> De modo que el sacerdote se hizo cargo de la situación y se acercó al micrófono:
>
> "Recuerdo la primera confesión que escuché aquí veinticinco años atrás. Me preocupó y me hizo pensar a qué lugar había venido... La primera confesión sigue siendo la peor que escuché en mi vida. El hombre me confesó que le había robado un televisor a su vecino y le había mentido a la policía cuando lo habían interrogado... Dijo que les había robado dinero a sus padres y a su empleador; que tenía amoríos con varias de las esposas de sus amigos; que había ingerido drogas... Pueden imaginarse ustedes lo que ya estaba pensando... Sin embargo, me complace decirles que a medida que pasó el tiempo, me di cuenta de que este muchacho era una terrible excepción y que esta

parroquia era realmente un maravilloso lugar lleno de gente amable y decente…"

En ese mismo momento, llegó el político y se disculpó por haber llegado tarde. De inmediato se acercó al micrófono y sacó el discurso de su bolsillo:

"Siempre recordaré cuando llegó el padre O'Shaunessey a nuestra parroquia," dijo el político. "De hecho, estoy casi seguro de que yo fui la primera persona en la parroquia en confesarse."[12]

IMPLACABLE

La presencia de obstáculos lleva también a la necesidad de una implacable persistencia para superar las tormentas que tratan de interrumpir nuestros planes. Durante una conferencia un fin de semana que Pam y yo lideramos en Nueva Inglaterra, el clima, el horario y la gente fueron implacables. El viernes por la noche llovió torrencialmente. La clase de lluvia que impide ver el camino, que convierte los senderos en charcos y que empapa la ropa en un instante. El sábado amaneció con chaparrones que se extendieron durante todo el día, lo cual nos exigió a equiparnos para protegernos de la lluvia cada vez que salíamos afuera.

El horario de la conferencia no se alteró para nada debido a la lluvia. El viernes por la noche, tuvimos que trasladar unas cajas desde nuestro automóvil al edificio debajo de la lluvia. Tuvimos que correr al auto después de armar todo, ya que caían baldes de agua sobre nosotros. El organizador del evento nos dijo antes de irnos: "Nunca dejamos que el tiempo dicte lo que vamos a hacer. Mañana abriremos las puertas más temprano de lo planeado para que la gente no esté afuera en la lluvia, ¡pero nos sujetaremos al horario!"

Y la gente concurrió. Estaban ansiosos por aprender y tenían muchas preguntas. Cada momento libre que teníamos, estábamos con la gente, respondiendo a sus preguntas y ayudándolos a tomar decisiones sobre qué recursos los podrían ayudar a fortalecerse.

"No nos cansemos de hacer el bien, porque a su debido tiempo cosecharemos si no nos damos por vencidos" (Gálatas 6:9) es un lema para los líderes. Mi vida, como la suya, está repleta de tareas cotidianas, labores mundanas y desafíos que tenemos que superar. El liderazgo llena nuestra vida con difíciles tareas, problemas implacables, críticas persistentes y gente con necesidades. Uno de los rasgos más importantes de los líderes, por ende, es la voluntad implacable de seguir adelante.

- Cuando esté cansado, siga avanzando.
- Cuando se sienta desalentado, siga avanzando.
- Cuando la gente lo decepcione, siga avanzando.
- Cuando experimente éxito, siga avanzando.
- Cuando alcance un importante objetivo, siga avanzando.
- Cuando no logre una empresa, siga avanzando.
- Cuando otra persona reciba el crédito por algo que usted ha realizado, siga avanzando.

El mundo necesita quién usted es en realidad: una persona trabajadora, valiente, intensa, inherentemente poderosa, que siempre se adapta, humildemente honesta y persistente.

5

DECIDA FORMAR PARTE DE UN EQUIPO

Hace algunos años, en las olimpíadas especiales de Seattle, nueve concursantes, todos con discapacidad física y mental, se reunieron en la línea de partida de una carrera de 100 yardas. Cuando sonó el disparo, todos salieron corriendo, no exactamente a toda velocidad, pero con el deleite de correr una carrera hasta el fin y ganar. Todos, excepto un niño que se tropezó en el asfalto, rodó un par de veces y comenzó a llorar. Los otros ocho niños lo escucharon. Redujeron la velocidad y miraron hacia atrás. Todos dieron la vuelta y regresaron. Todos. Una niña con síndrome de Down se agachó, lo besó y le dijo: “Esto va a ayudarte a sentirte mejor.” Los nueve niños se tomaron del brazo y juntos cruzaron la línea de llegada. Todos la gente que estaba en el estadio se puso de pie y los vitorearon durante varios minutos. La gente que estaba allí, aún hoy relata la historia. ¿Por qué? Porque todos sabemos algo en lo más profundo de nuestro ser. Lo que más importa en la vida no es ganar por nosotros mismos. Lo que realmente importa en esta vida es ayudar a que ganen los demás, aun cuando esto signifique disminuir la velocidad y cambiar el rumbo.[13]

NO ESTAMOS SOLOS

El liderazgo significa que usted es parte de un equipo. Si estuviera actuando solo, no tendría la necesidad de liderar a nadie. Formamos equipos porque hay objetivos que deseamos alcanzar y porque no es posible hacerlo a solas. Tal vez necesitemos recursos financieros que no tenemos, talentos que exceden nuestro propio nivel, o tal vez la tarea sea demasiado grande como para que la realice un solo individuo. En estas situaciones se necesita un equipo, pero hay diferentes clases de equipos y todos tienen diferentes necesidades.

Por lo tanto, para liderar un equipo tenemos que primero definir qué clase de equipo preferimos dirigir. Yo me crié jugando al fútbol y al básquetbol. Mi esposa se crió compitiendo en gimnasia acrobática y natación. Nuestras diferentes personalidades y preferencias nos llevaron a competir en estos deportes. Ambos éramos parte de equipos, pero estos eran muy diferentes el uno del otro.

Las cuatro clases de equipos más comunes son:

Equipos interdependientes. Estos equipos son similares al fútbol, básquetbol o cualquier otra empresa que involucre a miembros del equipo que trabajan a la misma vez para alcanzar una meta común. En este caso, cada miembro tiene un rol que desempeñar que interactúa con los roles de los demás miembros, formando un esfuerzo coordinado. Para muchos, el objetivo de los equipos interdependientes es trabajar juntos como si fueran una sola persona.

Equipos individualizados. Estos equipos son parecidos a los equipos de natación en los que las personas compiten en sus propios eventos pero combinan sus puntos como equipo. No tienen una gran necesidad de coordinar sus esfuerzos porque actúan de manera independiente y tienen metas individualizadas. Como equipo, su objetivo es concurrir a la misma vez para poder "agrupar" sus tantos.

Equipos intermitentes. Este sería el equipo que se reúne para llevar adelante una campaña o evento. Las campañas políticas, las campañas para recaudar fondos y los eventos especiales son ejemplos de equipos intermitentes. Tienen una fecha clara de comienzo, una fecha clara de finalización y un alcance limitado.

Equipos interrelacionados. Esta es una colección de individuos o grupos que trabajan juntos en aspectos específicos de sus empresas. Dos ejemplos comunes son las cooperativas agrícolas y los esfuerzos misioneros. Los agricultores trabajan con frecuencia juntos para tener la posibilidad de distribuir sus productos o para negociar los precios del mercado. Las iglesias trabajan juntas para apoyar a los misioneros y para suministrar trabajadores para los proyectos misioneros. Estas empresas son continuas, pero se limitan a aspectos específicos de operación.

A pesar de que cada equipo es único, todos los equipos competentes se adhieren a ciertas características comunes que les permiten operar de la mejor manera posible. Sin esas cualidades, un grupo de gente podría estar trabajando junto pero no forma un equipo de alta performance. Los equipos que funcionan por encima de la suma de sus partes tienen una visión inspiradora, valores esenciales comunes y un claro plan de operación.

LA VISIÓN INSPIRADORA

Todos los equipos trabajan mejor cuando tienen un gran sentido de propósito, desafiante y audaz. En la ausencia de una visión clara que atrape la imaginación de los participantes, el equipo dirigirá naturalmente su mirada al equipo en sí. Las relaciones entre sus miembros y las necesidades individuales se tornan en algo primordial. Dado que las necesidades de la gente son impredecibles, dominantes e inherentemente egocéntricas, el poner el enfoque en las relaciones internas crea un medio ambiente difícil para el continuo impulso y éxito. La visión que hace que la gente se concentre en cosas externas tiende a minimizar el autoenfoque, elimina obstáculos y crea alianzas cooperativas. La visión ayuda a la gente a responder a las preguntas que determinan su actitud hacia lo que buscan. Esas preguntas son:

- ¿Por qué estamos haciendo esto?
- ¿Realmente tenemos que trabajar juntos?
- ¿Cuál es mi rol?
- ¿Cómo sabré si hemos triunfado?
- ¿Vale la pena que me esfuerce?
- ¿Vale la pena contar con los demás?

Los equipos interdependientes y la visión

Los equipos interdependientes tienen por lo general una visión clara por la naturaleza misma de su asociación. Los equipos de fútbol desean ganar partidos. Los equipos industriales desean producir un producto. Los equipos de servicio desean servir a sus clientes. Usted puede liderar estos equipos sin una visión innovadora porque ella es parte inherente de su estructura, pero el equipo se desempeñará a un nivel más alto cuando los líderes pueden expandir la visón. Por ejemplo:

- Muchas compañías hacen comidas. La visión del gigante alimenticio Kraft Foods es "Ayudar a la gente de todo el mundo a comer y vivir mejor".
- El mundo está repleto de tiendas minoristas. La visión de Sam Walton para Walmart es "Ahorrarle dinero a la gente para que puedan vivir mejor".

Los equipos individualizados y la visión

La gente que se siente atraída a las empresas individuales necesitan una visión persuasiva para poder unir su "valioso tiempo y talento" con los demás. Luchan contra la tendencia de ver a los demás como obstáculos para su propio éxito.

Considere al nadador que jamás permitiría que alguien nadara en el mismo carril al mismo tiempo. Ese mismo nadador se uniría a un equipo si eso significara un acceso a mejor entrenamiento, eventos de mayor nivel y una mayor plataforma donde competir. Para tomar ese compromiso, la visión tiene que ser clara, persuasiva y valiosa para la gente involucrada. La persona que prefiere trabajar de manera individual lucha con las preguntas que residen en la superficie de sus emociones cuando es asunto de trabajar como equipo:

- ¿Cómo es mejor que trabajar a solas?
- ¿Existe la manera de trabajar a solas y luego combinar los resultados al final?
- ¿Tengo la certeza de que los demás no me demorarán?

Para superar los obstáculos que están presentes en estas preguntas necesitamos una clara visión.

Los equipos intermitentes y la visión

En términos de visión, los equipos intermitentes son similares a los interdependientes. Las campañas o eventos tienen una visión inherente. Las personas se reúnen porque creen en una causa o comparten un objetivo en común, pero no poseen la suficiente estructura o recursos propios para lograrlo. El equipo se encomienda a la tarea aun cuando la visión no sea totalmente clara y cristalina, pero se desempeñará a un nivel más alto si los líderes pueden forjar una declaración clara y concisa sobre el propósito del equipo.

Los equipos interrelacionados y la visión

Los equipos interrelacionados dependen de una visión clara ya que los miembros individuales operan de una manera bastante independiente. Buscan la manera de ser más productivos en un área específica de su operación. Lo podrían hacer a solas pero de manera limitada, pero reconocen el potencial de compartir recursos y habilidades. Sin embargo, para arriesgar su inversión en la operación, tienen que creer que hay una razón convincente para hacerlo. Como los equipos individualizados, sus preguntas están cerca de la superficie:

- ¿Cómo es esta sociedad mejor que trabajar a solas?
- ¿Qué me aporta esto que yo no puedo hacer por mí mismo?
- ¿Puedo confiar que las demás personas involucradas tengan la misma dedicación a esto que yo?

- ¿Qué salvaguardias hay para proteger el resto de mi operación si me involucro en esta empresa?

Los valores mutuos esenciales

Asimismo, todos los equipos funcionan mejor cuando comparten los mismos valores. La presencia de un equipo significa que hay una tarea que llevar a cabo y un desafío que superar. Requiere esfuerzo, determinación y sacrificio. Cuando todos los miembros del equipo dedican el mismo esfuerzo, trabajan con la misma determinación y hacen sacrificios similares, se mantiene la unidad de propósito. Cuando hay una discrepancia en estos valores, surgen conflictos internos y se reduce la productividad. Como con la visión, las diferentes clases de equipos requieren diferentes niveles de claridad en lo referente a sus valores.

Los equipos interdependientes y los valores

Los equipos interdependientes tienden a expresar regularmente sus valores. Dado que la mayoría de sus esfuerzos requiere la coordinación e integración de la contribución de cada uno, hay una constante comunicación, aunque no sea formal ni programada. Una persona le agradece a otra por haber contribuido al avance del proyecto con sus esfuerzos. Una persona también critica a otra cuando ese avance se ve interrumpido. Naturalmente, en las reuniones se expresa cuáles son los obstáculos al éxito. Las cosas funcionan mejor cuando existe una clara afirmación de los valores de la organización, pero la naturaleza del equipo asegura de que los valores sean transmitidos.

Los equipos individualizados y los valores

Dada la naturaleza de este equipo, cada persona tiene su propio conjunto de valores. Es difícil establecer un conjunto de valores comunes porque cada miembro opera de manera individual. Esta es una de las razones por las que hay una diferencia tan marcada en la productividad de cada uno de sus miembros. Una vendedora supera a los demás en las ventas porque tiene una ética de trabajo más sólida o le da más importancia a establecer relaciones. Un corredor en un equipo de atletismo gana más carreras que los demás porque está dispuesto a poner más esfuerzo y a ver videos que identifican aspectos de su técnica que puede mejorar.

La tarea del líder en un equipo individualizado es establecer cuál es el mínimo de requisitos simples que califican a una persona para integrar el equipo y luego instruirlos continuamente para que acepten los valores de los demás miembros aun cuando se atengan a su enfoque personal.

Los equipos intermitentes y los valores

Los equipos intermitentes tienen que coincidir en sus valores comunes mientras dure el proyecto. Es necesario lograr resultados con rapidez e intensidad. Las campañas electorales y de recaudación de fondos van y vienen rápidamente con un fervor competitivo. Los equipos a cargo de los eventos emergen con entusiasmo, planifican con diligencia y se alegran por el éxito del evento en cuestión de unas pocas semanas. Como resultado, los miembros de esos equipos tienen diferencias significativas en sus valores a largo plazo en la vida pero están de acuerdo en los valores que son estratégicos para la tarea presente. Ya sea planeado o no, lo primero que hace el equipo es ponerse de acuerdo sobre cuáles son sus valores.

Permítame darle un ejemplo de un evento para gente soltera que planificó recientemente nuestro equipo. Nos reunimos seis meses antes del evento para organizarnos. En la reunión de apertura, surgió la siguiente pregunta:

- ¿Cuál es el objetivo de este evento?
- ¿Cuánta gente planeamos que habrá de concurrir?
- ¿Cuál es el mercado al que apuntamos para este evento?
- ¿Cómo lo vamos a publicitar?
- ¿Cuánto esfuerzo deseamos dedicarle a las invitaciones personales?
- ¿Cómo podremos mantener la calidad de los materiales impresos?

Estas eran preguntas que nos obligaron a conversar sobre nuestros valores. Fue interesante percibir que en la habitación había gente que prefería trabajar de manera independiente, gente que prefería ser parte de un equipo con objetivos y rutinas a largo plazo y gente que amaba la idea de un proyecto a corto plazo. La gente independiente discutía los valores porque no deseaban verse maniatados por las restricciones. Los que preferían un corto plazo amaban la discusión y pensaban que todas las decisiones eran buenas. La gente interdependiente esperó con paciencia hasta que se establecieron los valores y luego se comprometieron con entusiasmo a seguir el plan. Al final de esa primera reunión, coincidimos en los siguientes valores:

- Antes del evento, vamos a orar por cada concurrente.
- Le pediremos a Dios que tenga un mayor impacto en la vida de la gente que lo que podríamos haber logrado con nuestros planes.
- Buscaremos excelencia en todo lo que hagamos en este evento. Esto significa que cada cosa recibirá la dedicación y atención que se merece de acuerdo con su prioridad.
- Nos comprometemos a dar una buena primera impresión.
- Nos esforzaremos por promocionar el evento entre la gente que conocemos.
- Planearemos cada aspecto del evento teniendo presente los profesionales solteros.

También identificamos los siguientes objetivos para el evento:

- Tratar de que concurran doscientas personas.
- Crear una clima de los años cincuenta.
- Celebrar la publicación de *The 10 Best Decisions a Single Can Make.*
- Incluir un libro firmado con cada inscripción.
- Vender otros veinticinco libros más a los concurrentes (para hermanos, amigos).
- Dar una buena impresión a la iglesia anfitriona.
- Presentar un programa divertido y lleno de energía.
- Obtener las direcciones del correo electrónico de todos los concurrentes.

Todo el proceso avanzó de manera orgánica porque todos los integrantes del equipo se habían reunido debido a su interés en planificar un evento del Día de San Valentín para los solteros. Fue fácil lograr que la gente compartiera sus expectativas y fue una tarea relativamente sencilla descubrir cuáles eran los valores en los que coincidíamos.

Los equipos interrelacionados y los valores

Es vital que los equipos interrelacionados identifiquen sus valores, ya que los miembros de esta clase de equipo son los que más arriesgan. Cada miembro de una alianza es un propietario. Él o ella maneja su negocio o una cartera de inversiones. Cada uno de ellos es responsable por la operación de una empresa. Se lo recompensa por el éxito de su negocio o sufre las consecuencias si rinde menos de lo esperado. Se forma una alianza para mejorar algún aspecto de una empresa que es muy personal para los que están involucrados. El establecer una alianza requiere certeza, metas comunes y confianza en que el esfuerzo cooperativo será manejado al mismo nivel que el negocio que opera cada miembro involucrado. Los valores esenciales del esfuerzo cooperativo es donde puedo verificar si el resto del equipo opera al mismo nivel que yo.

Por esta razón, es necesario que los líderes de los equipos interrelacionados pasen tiempo al comienzo identificando sus valores esenciales. Si no lo hacen, sin duda habrá desaliento y conflictos en el futuro.

Una organización misionera es un equipo interrelacionado común que muchos de nosotros conocemos. Un grupo misionero característico tiene una declaración escrita de su doctrina y una declaración de su propósito. Las iglesias que coinciden con estas dos declaraciones están generalmente dispuestas a unirse a estas organizaciones para apoyar a los misioneros y enviar gente a proyectos misioneros de corto plazo.

LOS PLANES OPERATIVOS CLAROS

Además de coincidir en la visión y los valores, los equipos están unidos por un plan operativo estratégico que ayuda a que todos los miembros sepan cómo desempeñar sus tareas.

Los equipos interdependientes y las operaciones

El plan operativo para los equipos interdependientes es la clave para determinar su éxito. La pregunta más importante que hace la gente de este equipo es: "¿Cuál es mi rol?" Se han unido al equipo porque desean estar en él. Ya están de acuerdo con los objetivos y creen que el líder tiene la visión y los procedimientos que los conducirán al éxito. Ingresan al equipo con la esperanza de que se les dará una tarea significativa con claras instrucciones y oportunidades para crecer. Una vez que aprenden a realizar su trabajo, anticipan poder repetir las tareas una y otra vez.

Como resultado, los que lideran equipos interdependientes harían bien en esforzarse por desarrollar procedimientos claros y describir las tareas. Estos equipos funcionan mejor con rutinas que son practicadas y luego puestas en marcha. La mayoría de las corporaciones y equipos deportivos operan de esta manera.

Uno de mis hijos estaba en un equipo de animación deportiva competitiva en la universidad. Se pasaban horas practicando la misma rutina una y otra vez. La actuación duraba alrededor de tres minutos, pero el tiempo de preparación era de unas trescientas horas. Cada miembro del equipo tenía una tarea específica. Cada movimiento estaba sincronizado. Se esperaba que cada competidor hiciera siempre su tarea en el momento justo. Si una persona no hacía lo que le correspondía, no sólo podía perder todo el equipo, sino que alguien se podía lastimar.

Le dedicaron horas. Cada uno aprendió su parte. Se desafiaron mutuamente a creer que eran los mejores y trabajaron arduamente para ser los mejores, como fue evidenciado por las palabras de estímulo de Zach, el capitán del equipo, que pronunció antes de una competencia nacional: "Nos hemos estado entrenando durante un año para probar que somos los mejores. Estamos aquí para ganar. Si no piensan que son los mejores de todo el país, dejen el equipo, porque nosotros planeamos ganar y necesitamos que todos ustedes lo crean."

No era difícil crear entusiasmo para alcanzar el objetivo. No era difícil decir que deseaban ganar. Sin embargo, la clave de su éxito fue el compromiso que asumieron de perfeccionar su rol individual para el bien de todo el equipo. El resultado fue ganar el campeonato nacional en animación deportiva competitiva mixta.

Los equipos individualizados y las operaciones

Los equipos integrados por intérpretes individuales no dependen demasiado de los procedimientos del grupo. El proceso que los mantiene unidos es simple y limitado. Casi lo único que tiene que saber un equipo de natación es cuándo concurrir y cuándo serán las carreras individuales. Los vendedores independientes tienen que saber cómo y cuándo entregar los pedidos y los informes. No necesitan sincronizar sus actividades con los demás empleados. No tienen que trabajar en concierto con nadie. No realizan movidas que pueden ser mejoradas o interrumpidas por las movidas de la persona a su lado.

Lo que se necesita son individuos que se adueñen de ciertos aspectos de la organización y se comprometan a convertirse en expertos en esa materia. Veamos si se lo puedo demostrar con una pequeña compañía editorial y de motivación que conozco. Ellos publican folletos y materiales para grupos de trabajo y lideran seminarios de capacitación corporativa concentrados en las relaciones interpersonales y la comunicación. Para que este negocio tenga éxito, necesitan el desarrollo creativo de conceptos y productos, diseño gráfico y desarrollo de un sitio web, operaciones de oficina, contabilidad y coordinación de voluntarios. El propietario de la compañía tiene un gran talento para el desarrollo creativo. Trabaja incansablemente en estas empresas y delega las tareas que lo ayudan a alcanzar sus objetivos.

No tiene paciencia con los otros aspectos de su negocio y les presta poca atención. Cuando lo confrontan con problemas de control de calidad o asuntos financieros, da algunas órdenes rápidas y breves o les dice a las otras personas en la habitación que lo resuelvan. Dado que él es el líder de la organización, todos se tienen que acostumbrar a su estilo de liderazgo. Los que triunfan a su lado han aprendido a hacerse cargo de algún aspecto de la compañía, a establecer sus propios procedimientos compatibles con la manera en que le gusta trabajar al dueño y luego a manejar su departamento de manera independiente.

La gente que disfruta trabajando de esta manera considera que este medio ambiente es satisfactorio, gratificante e intelectualmente estimulante. Los que prefieren trabajar en otra clase de equipos piensan que este enfoque es frustrante y que los limita. No es raro que la gente no prospere en esta clase de ambiente si no prefieren trabajar como individuos porque, por lo general, no se le ocurre a los líderes de un equipo individualizado explicarle al resto del equipo cómo triunfar. Ellos suponen que todos se darán cuenta de cómo hacerlo de la misma manera que lo hicieron ellos.

Los equipos intermitentes y las operaciones

Como los equipos interdependientes, las operaciones de los equipos intermitentes tienen que ser claras. Es necesario lograr resultados rápidamente de modo que el equipo no puede perder mucho tiempo diseñando los procedimientos que van a lograr los resultados deseados. La gran diferencia en los planes operativos entre los equipos intermitentes y los interdependientes reside en su complejidad. Los equipos intermitentes necesitan procedimientos simples y directos. El equipo no tiene demasiado tiempo para aprender procesos complejos y creativos para resolver los desafíos. Simplemente necesitan un plan certero que implementar.

Las organizaciones que manejan las campañas para recaudar fondos emplean con frecuencia una firma consultora para que las ayuden a hacerlo. El grupo de consulta aporta un programa sólido y probado para recaudar dinero. Ellos organizan el equipo, capacitan a cada persona, establecen un calendario e incorporan la responsabilidad de la contribución de cada persona. Durante la campaña, todos saben lo que tienen que hacer y cuándo hacerlo.

A menudo, las compañías celebran eventos como parte de su plan de márketing. Tienen un plan definido al que se sujetan en cada evento. Saben que no pueden reinventar procedimientos para cada evento, de modo que fijan un proceso que pueden seguir cada vez. Con el tiempo, el proceso comienza a ser cada vez más eficiente y el equipo es cada vez más eficaz en su implementación.

Recientemente fui el presentador en un evento para recaudar fondos para el Centro Alternativo para Mujeres en el condado de San Diego. Este es un evento anual para respaldar los esfuerzos del centro. Desde la perspectiva del impacto, el evento es diferente cada año porque usan diferentes historias de mujeres jóvenes y diferentes oradores. Este año, una joven compartió la historia del nacimiento de su hijo a pesar de los consejos de sus padres y su novio de abortar el bebé. El año pasado, una joven relató la historia de cómo el aviso publicitario de la Super Bowl de Tim y Pam Tebow captó su atención y a la larga la llevó a la decisión de tener a su bebé. Este año, Pam Tebow compartió la inspiradora historia del extraordinario nacimiento de su hijo Timmy a pesar de graves problemas médicos durante el embarazo. Nadie la habría culpado si ella hubiera decidido poner un fin a su embarazo, pero todos nos maravillamos de la fortaleza del joven que ahora juega en la Liga Nacional de Fútbol. Todos los años la gente recibe gran inspiración.

Sin embargo, desde un punto de vista operativo, el evento es siempre el mismo. Los últimos cinco años han ofrecido el evento el mismo fin de semana, en el mismo lugar. Utilizan siempre el mismo proveedor de comida y siguen el mismo horario. La rutina permite que este equipo intermitente se ponga rápidamente en acción y opere con eficiencia.

Lo fundamental con los equipos intermitentes y sus operaciones es la simplicidad. Los procesos que son demasiado complejos o requieren demasiada innovación necesitan mucho tiempo de planificación, lo cual sustrae de los recursos para implementar el plan a corto plazo.

Los equipos interrelacionados y las operaciones

Las operaciones necesarias para una exitosa alianza son una mezcla de los ingredientes para el éxito de los equipos interdependientes e intermitentes. Dado que empresas que son independientes se unen para obtener algo que todos necesitan, son procedimientos operativos necesarios cuidadosamente controlados para mantener la confianza. Yo estaré dispuesto a invertir en la cooperativa si confío en que la manera en que la manejan hoy y tengo confianza en que será manejada de la misma manera en el futuro. Sin embargo, es necesario que todas las partes interesadas puedan entender fácilmente los procedimientos y que estos sean simples de implementar.

LA EXPERIENCIA DE SU EQUIPO

Todos nosotros, en algún momento de nuestra vida, somos parte de un equipo. El hacer que la experiencia sea satisfactoria requiere algunos pasos.

Identifique el estilo que prefiere. El estar involucrado en un equipo que se ajusta a quiénes somos es una de las decisiones de liderazgo más vitales de la vida. El poder identificar nuestro estilo e integrar un equipo que opere de acuerdo con ese estilo eleva el nivel de nuestra motivación, agudiza nuestro enfoque, aumenta nuestra producción e intensifica nuestra sensación de bienestar. En otras palabras, nuestra vida será más sencilla.

Si usted se siente atraído a los *equipos interdependientes*, va a notar lo siguiente:

- Los deportes en equipo son más interesantes que los deportes individuales.
- Las corporaciones son más atractivas que las actividades empresariales.
- Lo que usted consigue junto a los demás es más importante que lo que logra a solas.
- Encuentra seguridad en el grupo.
- Le gusta buscar soluciones en conjunto en vez de tomar decisiones a solas.
- Necesita confiar en los demás porque cree en los logros de todo el grupo.

Si usted se siente atraído a los *equipos individualizados*, va a notar lo siguiente:

- Los deportes individuales son más interesantes que los deportes en equipo.
- La libertad de trabajar como usted desea le resulta más atractivo que las políticas corporativas.
- Lo que usted logra a solas le da una gran alegría.
- Sus objetivos personales son vitales para usted y puede sentir que están amenazados por el grupo.
- Le gusta tomar decisiones sin la interferencia de los demás.
- Le encanta ser un experto en algo.
- Lucha por confiar en la gente y se siente fácilmente desalentado cuando los demás no trabajan con el mismo esfuerzo o eficacia que usted.

Si usted se siente atraído a los *equipos intermitentes*, va a notar lo siguiente:

- Le gusta trabajar con un equipo.
- Prefiere los objetivos a corto plazo en vez de los procesos a largo plazo.
- Se siente aburrido cuando el mismo proyecto dura demasiado tiempo.
- Lo estimulan los resultados rápidos y la energía generada por los eventos.
- Le resulta fácil confiar en los demás a corto plazo.

Busque trabajo que sea compatible con el estilo que prefiere. Una vez que haya identificado la clase de equipo que le gustaría integrar, trate de buscar una carrera que le permita operar en su estilo. Sólo tenemos un cierto control sobre este proceso, de modo que tenemos que tener cuidado de no ser tercos en lo referente a aceptar un empleo. Puede haber temporadas en que necesitamos trabajar en un equipo que conocemos pero que no es el que mejor se ajusta a nuestro estilo. Pero allí es donde hay trabajo disponible. Esto no significa que tengamos que dejar de buscar una carrera que nos coloque en el equipo que amamos.

Aprenda las habilidades que hagan triunfar al equipo que usted integra. Todos los equipos funcionan mejor con ciertas habilidades. Si nos dedicamos a aprender esas habilidades, no sólo disfrutaremos más de la experiencia, sino que el equipo funcionará mejor. La lista a continuación enumera las habilidades "generales" que coinciden con cada clase de equipo. Usted va a necesitar habilidades específicas para la tarea que escoja, pero su capacidad para implementar esas habilidades "generales" ayudarán a establecer su actitud hacia el trabajo.

Equipos interdependientes

- Mantenga un horario de rutina (sea puntual, tenga un horario reglamentado).
- Acepte su rol porque ello ayuda a que su equipo tenga éxito.
- Desempeñe tareas de rutina con un alto grado de aptitud consistente.

Equipos individualizados

- Establezca y siga sus propios objetivos.
- Trabaje en un horario flexible que usted mismo se haya fijado.
- Motívese con regularidad.
- Determine terminar lo que comienza.
- Defina sus responsabilidades de trabajo según las necesidades de la organización.

Equipos intermitentes

- Mantenga un programa preciso a corto plazo.
- Trabaje intensamente por un período de tiempo prescrito.
- Sea flexible y ayude a otros miembros del equipo cuando se acercan las fechas límite.
- Mantenga una actitud positiva bajo intensas fechas límite.

Equipos interrelacionados

- Evalúe las áreas de fortaleza con confianza.
- Defina claramente los límites de autoridad.
- Delegue autoridad y responsabilidad sin reservas.

El descubrir la clase de equipo que deseamos integrar, y orquestar a los miembros del equipo para que funcionen con eficacia es una tarea difícil. Requiere una intensa planificación, una robusta comunicación, continuos ajustes y valientes evaluaciones para mantener el rumbo. No obstante, los resultados pueden ser asombrosos y a menudo inesperados.

> Un hombre con discapacidad visual había estado esperando un buen rato para que alguien le ofreciera ayuda para cruzar una calle muy transitada. De golpe, siente que alguien le toca el hombro.

—Discúlpeme, soy ciego, ¿me podría ayudar a cruzar la calle? —dijo el extraño.

El primer ciego tomó al segundo ciego del brazo y ambos cruzaron la calle.

> Aparentemente, esta historia es cierta. El primer ciego era el pianista de jazz George Shearing. Después de este acontecimiento, relatan que dijo lo siguiente: "¿Qué podía hacer yo? Lo ayudé a cruzar la calle y fue lo más emocionante que hice en toda mi vida?"[14]

Ninguno de estos dos hombres creyó poder lograr esa meta a solas. De alguna manera, cuando se convirtieron en un equipo, cambió su nivel de confianza, se evaporaron los obstáculos y alcanzaron lo que alguna vez les había parecido un imposible.

Casi tres mil años atrás, el escritor de Eclesiastés entendió la sabiduría del trabajo en equipo:

> Más valen dos que uno,
> porque obtienen más fruto de su esfuerzo.
> Si caen, el uno levanta al otro.
>
> (Eclesiastés 4:9)

6

DECIDA SER UN EXPERTO MOTIVADOR

El motivar a los demás podría ser la actividad más importante de un líder. Es mucho más fácil liderar a la gente con energía, confianza y deseo de poner manos a la obra que a la gente que está confundida, aburrida o frustrada. El motivar a la gente es un sistema complejo de influencias interrelacionadas, pero algunos simples focos de atención pueden convertirnos en motivadores eficaces. La gente hace lo que hace por alguna razón específica, pero esas razones no son muchas. Existen cuatro "porqués" básicos que determinan la energía de la gente para realizar alguna empresa y producen compromiso.

LOS REALIZADORES

A algunas de las personas que lideramos las motiva el lograr que se hagan las cosas. Tienden a concentrarse en las tareas y piensan que la vida es mejor cuando está ocurriendo algo. Están profundamente apegadas a sus propias ideas porque consideran que son correctas. Son confiadas por naturaleza y a menudo agresivas o exigentes cuando se acercan las fechas límite. Les encantan las calcomanías en los automóviles que dicen: "No soy mandón, sólo tengo mejores ideas". Les gustan también los dichos tales como: "Si deseo tu opinión, te la voy a dar". No creen necesitar las opiniones o consejos de los demás porque ya saben lo que quieren hacer y cómo tienen que hacerlo. Aun cuando no lo sepan, confían en su intuición y tenacidad para forjar una solución a todo lo que decidan llevar a cabo.

Cuando nos comunicamos con esta clase de individuos, necesitamos ser concisos y persuasivos. Ya creen que tienen la razón, pero no son necesariamente testarudos. Si les presentamos una idea que piensan que es mejor, rápidamente la adoptan, arman un plan de inmediato y emprenden el nuevo rumbo. Para cambiar, sólo tienen que tener la sensación de que la decisión les pertenece o les resultará difícil albergar demasiado entusiasmo.

El confrontarlos es todo un acontecimiento. Tienden a concentrarse en ideas que les pertenecen emocionalmente, de modo que pedirles que cambien o criticar algo de lo que están haciendo puede rápidamente convertirse en un asunto personal. Ellos ya han deducido que lo que están haciendo es lo mejor, y están comprometidos a trabajar arduamente para finalizar el proyecto. Nuestros intentos bien intencionados para mejorar la parte de la organización en la que están involucrados son percibidos como una toma del poder hostil en vez de un esfuerzo del equipo por brindarle apoyo.

Pedro es un claro ejemplo de esta clase de persona. Su enfoque sobre la vida era simple, y lograr que se hicieran las cosas solía ser más importante para él que hacerlas bien. Cuando lo reclutó Jesús, lo hizo en términos simples y directos: "Vengan, síganme —les dijo Jesús—, y los haré pescadores de hombres" (Mateo 4:19). No le dio una larga explicación, ni lista de razones para convencerlo, ni múltiples reuniones de reclutamiento. Jesús lo llamó a la acción porque entendió que esa era la manera en que Pedro encaraba la vida.

Cuando Jesús se acercó a sus discípulos caminando sobre las aguas en la mitad de una tormenta, Pedro convirtió la situación en una oportunidad. "Señor, si eres tú —respondió Pedro—, mándame que vaya a ti sobre el agua" (Mateo 14:28). No indagó cuál era el riesgo o convocó una reunión para evaluar el potencial. Vio una oportunidad y dijo: "¡Hagámoslo!"

La respuesta de Jesús es simple y no contiene ninguna crítica: "Ven" (14:29). Si usted conoce esta historia, sabe que Pedro se concentró luego en la tormenta y tuvo que ser rescatado por Jesús. Pero fue el único que salió de la barca y caminó sobre el agua. Incluso el reproche de Jesús: "¿Por qué dudaste?" (14:31) fue más una apelación que una crítica. Fue como si Jesús estuviera diciendo: "Pedro, tú lo estabas haciendo. Fuiste más allá que los demás y experimentaste gran poder y beneficio. Lo único que tenías que hacer era mantener tu valentía. La próxima vez será diferente."

Coherente con su impetuosa perspectiva de la vida, Pedro desafió a los discípulos a encontrar un reemplazante para Judas. Probablemente tendría que haber esperado hasta tener una clara dirección del Espíritu Santo, ya que Jesús les había dicho: "No se alejen de Jerusalén, sino esperen la promesa del Padre" (Hechos 1:4). Sin embargo, Pedro era industrioso, de modo que cuando recordó el

Salmo 69:25, "Quédense desiertos sus campamentos" y el Salmo 109:8, "Que otro se haga cargo de su oficio", los aplicó con entusiasmo a la situación de ese momento. Que yo sepa, Pedro nunca fue criticado por esa decisión, pero parece claro que Pablo fue el que Dios eligió como doceavo apóstol. Nunca escuchamos ningún logro notable de Matías, mientras que Pablo es un importante protagonista de la historia de la iglesia.

Formas de motivar a los realizadores:

- Pedirles que ayuden a tomar decisiones para todo aquello en que estén involucrados.
- Ponerlos a cargo de equipos, proyectos o sesiones en las que se aportan numerosas ideas.
- Pedirles que resuelvan problemas de la organización.
- Delegarles proyecto y luego permitirles resolver cómo llevarlos a cabo.

Formas de frustrar a los realizadores:

- Darles directivas con poco espacio para innovar.
- Asignarles tareas simples y repetitivas.
- Controlar de manera excesiva su trabajo y corregirlos con frecuencia.

LOS AYUDANTES

Los ayudantes viven de la pregunta: "¿Cómo puedo ayudarle a lograr lo que es importante para usted?" Son tan trabajadores como los realizadores, pero están más apegados a las ideas de los demás que a las propias. Aparecen preguntándose cómo pueden hacer una diferencia ayudándonos a lograr lo que está en nuestro corazón. Tienden a hacer muchas preguntas, pero no porque cuestionen lo que estamos haciendo. Están intensamente interesados en saber qué es lo que deseamos hacer y cómo deseamos que se haga. No desean cometer errores porque no desean decepcionarnos o complicarnos la vida. De modo que frecuentemente preguntan:

- ¿Cómo le gustaría que haga esto?
- ¿Me puede decir por qué desea que lo haga de esta manera?
- ¿Qué desea que haga primero?
- ¿Cuáles son sus prioridades para este proyecto?
- ¿Cuál es el panorama general de lo que está tratando de lograr?

Para esta gente es vital tener presente que no están desafiando lo que estamos haciendo. Son curiosos. Están fascinados con nuestro plan y sienten una inmensa satisfacción cuando nos pueden ayudar a realizarlo. Desean conocer el plan porque desean ayudarnos con él.

Lo hermoso de los ayudantes es su increíble lealtad. Son leales cuando es fácil o difícil serlo, conveniente o incómodo. Están incluso dispuestos a mantenerse junto a sus líderes cuando son criticados por la opinión pública.

Mateo 26 nos presenta a un seguidor de Jesús a quien lo motivaba ayudarlo personalmente. Jesús estaba llegando al fin de su ministerio sobre la tierra y estaba a punto de pasar a la fase de su vida en la que se ofrecería a sí mismo en la cruz como un sacrificio eterno. Sus amigos no se daban cuenta del gran cambio que se estaba por llevar a cabo, así que no le ofrecían ningún trato preferencial. Mientras que Jesús y sus amigos compartían una cena juntos en la casa de Simón el Leproso, "se acercó una mujer con un frasco de alabastro lleno de un perfume muy caro, y lo derramó sobre la cabeza de Jesús mientras él estaba sentado a la mesa" (v. 7). Los discípulos no sólo estaban disgustados con ella, sino que se indignaron al ver esto. "¿Para qué este desperdicio?", preguntaron. "Podía haberse vendido este perfume por mucho dinero para darlo a los pobres" (versículos 8-9).

Pero ella estaba decidida a hacerlo.

Jesús destacó su valor como ayudante cuando les dijo a sus seguidores: "Ella ha hecho una obra hermosa conmigo. A los pobres siempre los tendrán con ustedes, pero a mí no me van a tener siempre. Al derramar ella este perfume sobre mi cuerpo, lo hizo a fin de prepararme para la sepultura. Les aseguro que en cualquier parte del mundo donde se predique este evangelio, se contará también, en memoria de esta mujer, lo que ella hizo" (versículos 10-13).

Formas de motivar a los ayudantes:

- Describir el plan de la manera más detallada posible.
- Describir cómo puede ayudar en términos que se puedan entender.
- Felicitarlos a menudo diciendo cómo su contribución ayuda al avance del proyecto.
- Repasar frecuentemente qué es lo que se desea que hagan. Esto les da confianza de que lo que están haciendo realmente ayuda.
- Cuando uno se da cuenta de que están yendo por

el rumbo equivocado, hacer ajustes rápidamente. Ellos no desean escuchar más adelante que lo que estaban haciendo no era útil.
- Establecer prioridades a menudo. Ellos desean hacer todo lo que sea de ayuda y pueden sentirse abrumados con todo lo que hay que hacer.

Formas de frustrar a los ayudantes:
- Retener información sobre lo que uno está tratando de alcanzar.
- Ignorarlos. Ellos trabajan muy eficientemente a solas por breves períodos de tiempo, pero como los motiva el brindar ayuda a los demás, desean conectarse con frecuencia para estar seguros de que están verdaderamente ayudando.
- Criticarlos sin darles los pasos necesarios para ser más provechosos.

LOS VERIFICADORES

Los verificadores son los individuos más valiosos y más irritantes de liderar. Son individuos analíticos que tienen un sistema de valores bien establecido y que creen que todo en la vida calza en su sistema. Como resultado, tienden a ser pensadores sin matices que no están abiertos a los tonos grises o a las negociaciones. Ellos creen que tienen la razón y generalmente tienen evidencias para respaldar sus posiciones. Son adeptos a establecer y manejar los procesos y procedimientos porque son feroces en su dedicación a aquellas cosas que creen que son las correctas.

Es extremadamente importante reconocer que su sistema de valores es sólo eso: su sistema de valores. No hacen necesariamente lo correcto; hacen lo que han decidido que es lo correcto de acuerdo con sus valores. Una vez que han alcanzado una conclusión, queda consolidada y es muy difícil cambiarla. De hecho, cuando uno tiene que confrontar alguna incoherencia en el pensamiento de un verificador, tiene que expresar su argumento en términos concisos, presentarlo rápidamente y luego retroceder y darle tiempo a la persona para que lo procese a su manera. Para que un verificador acepte nuestra opinión, tiene que evaluarla y decidir incorporarla a sus sistema de valores. Jamás va a aceptar lo que decimos por el sólo hecho de que lo hayamos dicho nosotros. Sólo lo aceptará como "verdad" si él puede crear un lugar para él en su sistema.

El apóstol Tomás es un claro ejemplo de un verificador. Tenía un sistema de valores rígido que usaba para evaluarlo todo. Una vez que había alcanzado una conclusión, estaba absolutamente seguro de que era la verdad. Consideremos el escenario en Juan 11. Lázaro estaba viviendo en Judea con sus hermanas María y Marta y se había enfermado. La última vez que habían estado en Judea, "los judíos tomaron piedras para arrojárselas" (Juan 10:31) a Jesús. Esto estaba sin duda en la mente de los discípulos, porque le dijeron: "Hace muy poco los judíos intentaron apedrearte, ¿y todavía quieres volver allá?" (Juan 11:8).

Cuando no pudieron persuadir a Jesús de cancelar sus planes de ir a ver a su amigo, Tomás evaluó las consecuencias en su mente y arribó a lo que él consideraba una sólida conclusión: "Vayamos también nosotros, para morir con él" (11:16). Tenemos que amar a este hombre. Hizo sus cálculos, evaluó el precio y resolvió hacer lo que tenía que hacerse, aun cuando su conclusión dejaba de lado la soberanía de Dios.

Jesús no discutió con Tomás, no le explicó las cosas, ni tampoco desafió su conclusión. En cambio, lo llevó con él para que pudiera ver el milagro. Sabía que una vez que Tomás se viera confrontado con la evidencia de la sanidad de Lázaro y la protección que le daba Dios, ajustaría su sistema de valores.

Vemos el mismo enfoque de Tomás en relación con la resurrección: "Tomás… no estaba con los discípulos cuando llegó Jesús. Así que los otros discípulos le dijeron: '¡Hemos visto al Señor!'" (Juan 20:24-25). Sin embargo, no le era suficiente a Tomás escuchar la opinión de los demás. Necesitaba algo más concreto. En una estratégica expresión de compasión, Jesús aparece en otra ocasión y le dice a Tomás: "Pon tu dedo aquí y mira mis manos. Acerca tu mano y métela en mi costado. Y no seas incrédulo, sino hombre de fe" (20:27).

La estrategia funcionó al instante y Tomás le dijo: "¡Señor mío y Dios mío!" (20:28).

Antes de ser demasiado severos con el pensamiento rígido de Tomás, consideremos la interacción que tuvo con el Salvador en Juan 14. Jesús comenzó la conversación diciendo: "Y si me voy y se lo preparo, vendré para llevármelos conmigo. Así ustedes estarán donde yo esté. Ustedes ya conocen el camino para ir adonde yo voy" (14:3-4).

Estas palabra le molestaron a Tomás porque no entendió su lógica. La idea de un lugar a donde se dirigía Jesús y de que los discípulos supieran el camino para llegar allí no era algo que hubieran discutido o aclarado anteriormente. Como respuesta, Tomás dijo abruptamente: "Señor, no sabemos a dónde vas, así que ¿cómo podemos conocer el camino?" (14:5). Esto preparó el escenario para una de las declaraciones más importantes y conocidas de Jesús: "Yo soy el camino, la verdad y la vida. Nadie llega al Padre sino por mí" (14:6).

Formas de motivar a los verificadores:

- Dejar que establezcan y controlen los procedimientos de rutina.
- Hacer cambios sólo cuando sean necesarios.
- Elegir áreas de la organización en las cuales se puede siempre aceptar la opinión de ellos.
- Dejarlos solos cuando están concentrados.

Formas de frustrar a los verificadores:

- Tratar de ser autoritarios con ellos.
- Hacen cambios que les parezcan fortuitos.
- Usar apelaciones sentimentales en vez de lógicas para influenciar su conducta.

LOS QUE CREAN ALIANZAS

A los que crean alianzas les encanta ser parte de un equipo. "Nosotros" es muchísimo más importante para ellos que "yo". Aman las metas, decisiones, procesos y logros de todo el equipo. La ambición de estas personas es ser una parte vital de un equipo. Como resultado, les gustan los esfuerzos coordinados y el consenso en la toma de decisiones. Naturalmente creen que todos poseen una pieza del rompecabezas y que cuando combinamos esas piezas, el resultado es superior a la suma de sus partes. Les da satisfacción la sinergia generada cuando todos trabajan en conjunto para una empresa en común.

Como resultado, a los que crean alianzas les agradan las reuniones más que a las demás personas en su esfera de influencia. No es la reunión lo que les agrada, sino el proceso compartido de tomar decisiones que los lleven a tener un debate. Desean saber que tienen un rol estratégico que desempeñar. Quieren saber que pueden confiar en que los demás miembros del equipo sean también competentes. No están interesados en realizar el trabajo de los demás, ya que ellos florecen en los esfuerzos combinados del equipo. Sólo desean saber que todos saben cuáles son sus responsabilidades.

Los que crean alianzas se confunden cuando los demás traspasan los límites de su responsabilidad. Creen que las decisiones que han tomado como equipo son vinculantes y que cada persona tiene que asumir su responsabilidad con seriedad y dedicación. Cuando otra persona hace la tarea que les había sido asignada a ellos, sienten que el equipo se está derrumbando o no existe para nada, lo cual hace que se sientan cada vez más inquietos.

María (la hermana de Marta) es un buen ejemplo de esta clase de persona. Cuando Jesús llegó a Judea después de haber muerto Lázaro, María no salió a saludarlo sino que permaneció en su casa con un grupo de deudos. Cuando Marta le dijo: "El Maestro está aquí y te llama", ella se levantó rápidamente para ir a ver a Jesús (Juan 11:28-29). "Los judíos que habían estado con María en la casa, dándole el pésame, al ver que se había levantado y había salido de prisa, la siguieron, pensando que iba al sepulcro a llorar" (11:31). Ella tenía una asombrosa habilidad para relacionarse con la gente y crear una experiencia de grupo, incluso cuando se trataba de llorar por su hermano. Pienso que una de las razones por la que confiaba tanto en Jesús era por la manera en que él respondía a este atributo. "Al ver llorar a María y a los judíos que la habían acompañado, Jesús se turbó y se conmovió profundamente" (11:33). Luego fue a sanar a Lázaro, en parte para alentarlos a todos. El resultado fue una celebración en equipo cuando "muchos de los judíos que habían ido a ver a María y que habían presenciado lo hecho por Jesús, creyeron en él" (11:45).

Formas de motivar a los que crean alianzas:

- Crear puestos en el equipo.
- Asignar la clara responsabilidad de cada integrante del equipo.
- Ayudar a que todos vean cómo se ajusta la responsabilidad de cada uno con las de los demás para alcanzar los objetivos.
- Celebrar como equipo cuando se alcanzan las metas.

Formas de frustrar a los que crean alianzas:

- Tomar decisiones de manera unilateral sin consultar a los miembros clave del equipo.
- Hacer el trabajo de ellos después de que ya han sido asignados.
- Aislarlos de los demás miembros del equipo.
- Ignorar sus ideas.

NIVEL DE EXPERIENCIA

Además de las motivaciones aportadas por los realizadores, ayudantes, verificadores y creadores de alianzas, la gente hace lo que hace debido a su nivel de experiencia. Es posible que alguien sea muy competente en un área y muy incompetente en otra. Esto suele suceder en momentos de transición. Nuevas habilidades, tecnología y procedimientos pueden parecerle un idioma extranjero a una persona que en otras situaciones es muy eficiente. Para mantener a la gente motivada en un mundo de cambio constante, tenemos que ajustarnos a su nivel de experiencia cuando interactuamos con ellos. En lo que atañe a la habilidad de la gente que lideramos se presentan diversos niveles de experiencia.

Los aprendices

Nuevas habilidades significa que aun las tareas más básicas les son desconocidas y la capacidad para realizarlas casi no existe. Las personas que se encuentran en este nivel dependen del líder para progresar. No saben lo suficiente sobre el tema y carecen de la experiencia para intercambiar ideas, resolver problemas, innovar o enseñar a los demás. En cambio, necesitan instrucciones específicas, una guía precisa y una apretada supervisión. Debido a su inexperiencia, tenemos que tomar decisiones con claras directivas. Cuanto más precisas nuestras instrucciones, tanto más motivados estarán.

Cuando la gente está abrumada por sus responsabilidades, se vuelve introspectiva y poco productiva. Esto ocurre con frecuencia cuando las habilidades que tienen que aplicar van más allá de su capacidad. Para elevar su confianza y ayudarlos a crecer, los líderes necesitan tomar de la mano a los que estén en esta etapa y llevarlos paso a paso por el proceso. Por un tiempo, ellos utilizan nuestra competencia, confianza y determinación hasta que obtienen más experiencia.

En Juan 4, la mujer junto al pozo de agua es un buen ejemplo de cómo es mejor manejar a la gente que no tiene conocimientos o experiencia con simples instrucciones.

- Cuando una mujer samaritana vino a sacar agua del pozo, Jesús le dijo: "Dame un poco de agua" (4:7).
- "Si supieras lo que Dios puede dar, y conocieras al que te está pidiendo agua, tú le habrías pedido a él, y él te habría dado agua que da vida" (4:10).
- "Ve a llamar a tu esposo, y vuelve acá" (4:16).
- "Pero se acerca la hora, y ha llegado ya, en que los verdaderos adoradores rendirán culto al Padre en espíritu y en verdad... Dios es espíritu, y quienes lo adoran deben hacerlo en espíritu y en verdad" (4:23-24).
- La mujer dijo: "Sé que viene el Mesías, al que llaman el Cristo. Cuando él venga nos explicará todas las cosas". Luego Jesús declaró: "Ése soy yo, el que habla contigo" (4:25-26).

En lo concerniente a la verdad espiritual, esta mujer era una aprendiz. Jesús no entra en un complejo debate sobre la diferencia entre los judíos y los samaritanos. No le hace preguntas complicadas sobre su historia o su comprensión de la teología. Le hace preguntas muy simples y le da instrucciones claras, directas y concisas.

Cuando las habilidades de la gente están aún en pañales, los motivamos:

- asignándoles tareas

- dándoles claras instrucciones sobre cómo hacer lo que esperamos que hagan
- repasando a menudo su trabajo
- proporcionando correcciones del rumbo con frecuencia para elevar su confianza de que están en el camino correcto.

Cuando las habilidades de la gente están aún en pañales, los frustramos:

- dándoles instrucciones poco precisas
- pidiéndoles que resuelvan problemas en áreas que no comprenden
- usando apelaciones emocionales para que trabajen más cuando en realidad no están seguro de qué es lo que tienen que hacer

Los actores

A medida que la gente practica sus habilidades se vuelve más competente. Han salido de la etapa inicial, pero las prácticas aún les resultan un poco complicadas e ineficientes. Está creciendo su nivel de confianza y ellos comienzan a darse cuenta de las posibilidades. Desean explorar, ensayar nuevas responsabilidades y buscar nuevas maneras de realizar su tarea.

Como líderes, los tenemos que dirigir. En esta etapa, nosotros estamos más conscientes de sus limitaciones y habilidades que ellos. Las prácticas nuevas aún les resultan desconocidas, de modo que no están seguros de lo que pueden hacer y qué es lo que tendrían que evitar. Tienden además a entusiasmarse demasiado con las nuevas experiencias y pasan demasiado tiempo y esfuerzo en ellas.

Es nuestra tarea ayudarlos a establecer límites, manejar su tiempo, concentrar sus esfuerzos y controlar su entusiasmo.

Los competidores

A medida que las habilidades continúan creciendo, aumenta la confianza. En algún momento, las personas deciden que pueden hacer lo que le piden. Comienzan a adueñarse del proceso y comienzan a innovar la ejecución. En ese momento, se ponen arrogantes y algo resistentes a la enseñanza. A medida que aumenta su competencia, también lo hace la autoevaluación. Comienza a surgir una nueva serie de preguntas en el corazón del individuo. ¿Soy un trabajador o un gerente? ¿Soy un líder o un seguidor? ¿Funciono mejor como parte de un equipo o me gusta trabajar solo? Si yo pudiera diseñar la clase de trabajo que hago, ¿qué estaría haciendo?

Así como los adolescentes pasan de un grupo a otro de amigos, experimentando con diferentes identidades, estos trabajadores prueban diferentes identidades para ver cuál les sienta mejor. Antes de esta etapa de experiencia, el individuo no era capaz de siquiera hacer esas preguntas porque tenía que estar tan concentrado en aprender las habilidades que tenía delante. Ahora ellos pueden hacer su trabajo y tienen el tiempo y la energía para pensar quiénes son y lo que desean hacer con su tiempo.

En este punto, como líderes, tenemos que convertirnos en entrenadores. La gente que lideramos está comenzando a ser habilidosa y puede innovar. Ahora ha llegado el momento de que comiencen a resolver problemas y exploren las maneras de mejorar el ambiente de trabajo. Tenemos que dejar de suministrarles soluciones directas ya que eso los alentaría a dar marcha atrás y no madurar. Es más estratégico confrontarlos con problemas y decisiones mientras que mantenemos el poder de veto sobre la dirección final. Cuando usted desee dar instrucciones, pruebe estas estrategias:

- ¿Qué piensa que tendríamos que hacer con respecto a esto?
- ¿Cuál piensa usted que es la mejor manera de actuar?
- ¿Podría presentarme una propuesta de cómo abordar esto y presentársela al equipo?
- Si usted estuviera en mi posición, ¿cómo manejaría esto?

Parecerá ineficiente al principio, porque usted tiene más experiencia, más sabiduría y una agenda más apretada que la persona que está capacitando. Se sentirá tentado a pasar por alto este paso en el desarrollo de los que lidera. Concluirá que no tiene tiempo para el proceso y que puede lograr más dando simplemente órdenes. Sin embargo, si usted sucumbe a esa tentación, las personas que está entrenando no van a crecer. Van a siempre necesitar que usted marque sus tareas, les diga cuáles son sus responsabilidades y les imponga un severo control. Sería como tener un grupo de niños a quienes les encanta estar juntos pero que no avanzan.

Si no comprendemos este principio, nos sentiremos continuamente frustrados con la gente. Diremos cosas como:

- "¿Por qué no puede esta gente resolver las cosas sin ayuda?"

- "Han estado aquí bastante tiempo. Ya tendrían que saber cómo hacer su trabajo."
- ¿Por qué me traen todos sus preguntas a mí? ¿No hay ninguna otra persona que las pueda responder?"
- "Ya les he dicho mil veces cómo realizar esta tarea. ¿Por qué no pueden entenderla?"
- "Mostraban tanta promesa al principio. No entiendo por qué no están progresando."

Este principio tiene que estar equilibrado con las habilidades únicas de los que lideramos, porque no todos son capaces de hacer la misma tarea. Algunas personas no avanzan porque están en el puesto equivocado. Llegan a un estancamiento natural: el límite de lo que son capaces de alcanzar. Si después de una honesta evaluación determinamos que esa persona está en el puesto equivocado, lo mejor que podemos hacer es liberarlos de esa responsabilidad. Eso puede significar un cambio dentro de la organización a un puesto que se adapte mejor a su talento o puede significar que lo dejemos ir. Se puede a veces experimentar frustración porque Dios está tratando de trasladar a esta persona a un lugar nuevo. Hay nuevas metas que perseguir y un nuevo ambiente que necesita del talento de esta persona. El no dejarlo ir sólo frustra sus esfuerzos y le niega al otro lugar la oportunidad de prosperar.

Los entrenadores

A medida que las personas crecen, alcanzan un nivel de competencia en el que hacen las cosas bien y pueden dirigir sus propios esfuerzos. Han aprendido de las experiencias de la vida y han alcanzado conclusiones sobre lo que les gusta y lo que no. Han visto que algunos de sus esfuerzos producen constantes resultados mientras que otros no. En este punto, están listos para comenzar a trabajar de manera independiente, trazar sus propios objetivos y buscar ayuda cuando la necesitan. La necesidad primordial en este nivel de experiencia es de asesores que puedan ayudar a los trabajadores independientes a resolver los problemas de innovación.

La clave para motivar a los entrenadores es esperar que nos pidan ayuda. Son un recurso invalorable para la organización y prosperan cuando tienen la libertad de tomar decisiones y ser responsables de su propia evaluación. El chequearlos con demasiada frecuencia les da la impresión de que pensamos que todavía son inmaduros y necesitan de nuestra dirección.

A medida que Pedro creció y obtuvo más experiencia, le fueron confiadas mayores responsabilidades dado que estaba dispuesto a aceptar desafíos. Otros podrían haber pasado demasiado tiempo evaluando las posibilidades o buscando el apoyo suficiente de los demás antes de poner manos a la obra. Uno de los ejemplos más notables se encuentra en Hechos 2:14 donde Pedro predica su primer sermón a la iglesia que acababa de nacer. "Entonces Pedro, con los once, se puso de pie y dijo a voz en cuello: 'Compatriotas judíos y todos ustedes que están en Jerusalén, déjenme explicarles lo que sucede; presten atención a lo que les voy a decir.'" Y la mano del favor de Dios fue aplicada sin duda a este mensaje ya que "aquel día se unieron a la iglesia unas tres mil personas."

LOS INSTRUCTORES

Algunas personas se quedan el tiempo suficiente y adquieren el suficiente talento como para ser mejores que nosotros en algunos aspectos de la visión que queremos alcanzar. Crecen al punto de convertirse en verdaderos pares. Pueden convertirse en mejores gerentes, ser mejores en tecnología, ser mejores instructores de equipos o resolver mejor los problemas que nosotros. En este punto, tenemos la oportunidad de seguir empresas más sofisticadas ya que nuestro caudal de talento se ha expandido dramáticamente. Ya no depende todo de nosotros. Ahora tenemos otro líder a nuestro lado que puede guiar y capacitar a la gente, encontrar soluciones creativas a los obstáculos y supervisar áreas enteras de la operación. Pueden también agregar un mayor nivel de logros a sus áreas de experiencia porque poseen un talento superior en la materia. Si podemos evitar los celos y decidimos confiar el uno en el otro, podemos expandir nuestra influencia de manera exponencial.

Juan el Bautista es un ejemplo de cómo Jesús responde a un líder maduro. Juan era un líder autónomo, capaz e influyente. Lo veneraba la gente y lo respetaban los líderes de su época. De todas las personas de la tierra, sólo Juan podía considerarse entre los pares de Jesús. Como resultado, Jesús se comunica con él de manera diferente que con los demás. Cuando Juan resiste el pedido de Jesús de que lo bautizara, Jesús le dice: "Dejémoslo así por ahora, pues nos conviene cumplir con lo que es justo" (Mateo 3:15). Era un pedido único porque nadie más podía comprender lo que Dios estaba haciendo para mantenerlo a la par con Jesús.

Más adelante, cuando Juan se encuentra aislado en la prisión, se pregunta si había valido la pena el sacrificio y los años de dura labor. Envía entonces a sus seguidores a preguntarle a Jesús: "¿Eres tú el que ha de venir, o debemos esperar a otro?" (Lucas 7:20).

Jesús respondió: "Vayan y cuéntenle a Juan lo que han visto y oído: Los ciegos ven, los cojos andan, los que tienen lepra son sanados, los sordos oyen, los muertos resucitan y a los pobres se les anuncian las buenas nuevas. Dichoso el que no tropieza por causa mía" (7:22-23).

Juan entendía la visión y tenía un claro entendimiento del plan. Lo desalentaba la dificultad de sus circunstancias, pero tan pronto escuchó que Jesús aludía nuevamente a la visión, se rejuveneció su esperanza.

A medida que usted evalúe su propia motivación y las maneras de obtener el máximo provecho de los que lidera, coloque a cada una de ellos en el gráfico a continuación para identificar las maneras de liderarlos de manera eficaz.

POR QUÉ LA GENTE HACE LO QUE HACE

		Los realizadores	Los asistentes	Los verificadores	Los que hacen alianzas
Nivel de experiencia	Los aprendices	Dé instrucciones claras y simples. Proporcione una supervisión coherente.	Dé instrucciones claras y simples. Proporcione una supervisión coherente.	Dé instrucciones claras y simples. Proporcione una supervisión coherente.	Dé instrucciones claras y simples. Proporcione una supervisión coherente.

		Los realizadores	Los asistentes	Los verificadores	Los que hacen alianzas
Nivel de experiencia	Los productivos	Comunique objetivos precisos. Asigne tareas que puedan ser realizadas rápidamente. Busque tareas en las que ellos tengan un interés personal.	Describa la visión. Demuestre cómo pueden ayudar las contribuciones individuales a alcanzar los objetivos. Halague con frecuencia.	Descripciones escritas. Asigne tareas de rutina. Dé opiniones lógicas.	Explique los objetivos del equipo. Demuestre cómo los esfuerzos individuales ayudan al equipo.
Nivel de experiencia	Los competidores	Pida su opinión sobre fijar metas. Pida su opinión sobre las evaluaciones. Pregúnteles qué tareas piensan ellos que harían mejor.	Pregúnteles cómo piensan que pueden mejorar para ayudar a los demás a captar la visión. Pídales que ayuden a los demás a comprender sus roles.	Pida sus opiniones sobre los procesos. Use breves debates para explicar los objetivos y prioridades. Pídales que evalúen los procedimientos de rutina.	Pídales que describan los objetivos del equipo. Pídales que muestren cómo se coordinan sus tareas con las demás.

		Los realizadores	Los asistentes	Los verificadores	Los que hacen alianzas
Nivel de experiencia	Los entrenadores	Establecen sus propios objetivos. Usan autoevaluaciones para repasar su desempeño. Establecen su propio programa y calendario de entrenamiento.	Pídales que ayuden a los demás a captar la visión. Pídales que ayuden a los demás a comprender sus roles.	Permítales elegir procedimientos de rutina. Haga que capaciten a los demás en procedimientos de rutina. Haga cambios solamente cuando sea necesario. Dé razones lógicas y concisas para explicar los cambios.	Invítelos a reuniones estratégicas de planeamiento. Busque consenso en las decisiones. Confíe en que harán su tarea. Permítales decidir cómo entrenar a otros.
Nivel de experiencia	Los instructores	Póngalos a cargo de su propio departamento. Tenga reuniones mínimas y centradas. Deje que ellos decidan cómo hacer su trabajo.	Asígneles un puesto que le ayuda a usted de manera significativa. Comparta a menudo cómo sus esfuerzos lo ayudan a usted a ser más eficaz. Permítales que lo representen frente a los demás para orientación, capacitación y solución de problemas.	Póngalos a cargo de un departamento. Bríndeles autonomía. Aténgase a las decisiones tomadas. Prepare las conversaciones por adelantado. Presente su caso de manera rápida y lógica.	Establezcan juntos los objetivos. Evalúen juntos el progreso. Celebren juntos los logros.

7

DECIDA ESTABLECER RELACIONES

Bruce era un hombre de negocios jubilado que accedió a llevarnos a Pam y a mí desde el centro de conferencias al hotel. Rengueaba al caminar y no dijo demasiado durante la conferencia. Rápidamente, él y su esposa ofrecieron llevarnos al hotel, de modo que me imaginé que era gente muy simpática. Lo que jamás supuse era que sus palabras me aclararían un principio vital del liderazgo.

Durante el almuerzo, Bruce me dijo: "La lección más importante que aprendí en mi vida es 'tal como juzguen se les juzgará' (Mateo 7:2). Yo me crié en un hogar donde era rechazado por mis padres. Era de lo único de lo que podía estar seguro. Pasé gran parte de mi vida adulta juzgando que otros harían lo mismo. Estaba seguro de que mi esposa me rechazaría, de modo que me mantenía apartado emocionalmente de ella. Estaba seguro de que la gente con la que hacía negocios me rechazaría, de modo que tenía mucho cuidado con ellos y hacía un tremendo esfuerzo por complacerlos. Asombrosamente, todos ellos parecían rechazarme cuando más los necesitaba. Yo me aseguraba que hicieran exactamente aquello que yo no deseaba que hicieran."

Cuando finalizó, lo primero que pensé fue: *la manera en que juzgamos a la gente es como un bumerang que, sin duda, nos viene de regreso.*

- El cónyuge que se queja continuamente de la inmadurez del otro parece siempre obtener reacciones inmaduras.
- El hijo que es continuamente acusado de ser irresponsable frustra a sus padres con su constante irresponsabilidad.
- Los amigos que hablan sobre la maldad de la gente parecen estar rodeados de gente mala.
- El líder que se queja sobre la falta de iniciativa de sus empleados está asombrado de que nadie tome la iniciativa.
- El individuo que se niega a perdonar siempre puede encontrar a alguien cerca que sea emocionalmente malsano.
- La persona que tiene miedo al fracaso, al rechazo o al abandono está generalmente en contacto con personas que suscitan ese temor.

Sin embargo, en un sentido positivo:

- El cónyuge que continuamente halaga al otro habla sobre el matrimonio como uno de los bienes más valiosos de la vida.

- El hijo al que continuamente le dicen: "Estoy seguro de que tomarás buenas decisiones", tiende a desarrollar un estilo de vida saludable.
- Los amigos que hablan sobre cómo han contribuido los demás a mejorar su vida suelen estar rodeados de gente positiva.
- Los líderes que incluyen a otros en el planeamiento, evaluación y toma de decisiones tienden a crear un ambiente altamente productivo.

UNA LARGA PERSPECTIVA DE LA VIDA

Los líderes honestos aceptan que el trayecto vale la pena aunque sea difícil liderar a la gente. El ayudar a los demás es un sube y baja de triunfos y desalientos. Si adoptamos una perspectiva a corto plazo del potencial de la gente con la que tratamos, probablemente seremos egoístas y nos pondremos a la defensiva.

En los primeros capítulos del libro de Jueces, la nación de Israel puso a prueba la paciencia de Dios. "Esos israelitas hicieron lo que ofende al Señor y adoraron a los ídolos de Baal. Abandonaron al Señor, Dios de sus padres, que los había sacado de Egipto, y siguieron a otros dioses… y los adoraron, provocando así la ira del Señor" (Jueces 2:11-12). En un intento de llamar su atención, el Señor "los entregó en manos de invasores que los saquearon. Los vendió a sus enemigos que tenían a su alrededor, a los que ya no pudieron hacerles frente. Cada vez que los israelitas salían a combatir, la mano del Señor estaba en contra de ellos para su mal, tal como el Señor se lo había dicho y jurado" (2:14-15).

Sería fácil concluir que los israelitas no se merecían el esfuerzo. Habían recibido el mayor privilegio del mundo. Conocían a Dios y tenían su protección personal, su provisión y su compañía. Dios les había garantizado el éxito y la seguridad si ellos cooperaban con él. En vez de aceptar ese privilegio, lo despreciaron y lo pusieron en peligro. Rechazar al Dios que realmente los amaba y que había trabajado incansablemente para darles una buena vida. Le restaron importancia al compromiso que habían asumido en común para involucrarse en una conducta tonta y autodestructiva. Aun cuando la vida se tornó difícil, ellos se negaron a recuperar la razón.

Quizás usted está comenzando a incluir nombres de su propia experiencia porque este escenario ha sido escrito una y otra vez durante la historia. Hay veces en que nos resulta extremadamente difícil amar a nuestra esposa. Los hijos pueden ser casi imposibles de criar. Los amigos pueden rápidamente convertirse de camaradas a competidores. La gente con la que trabajamos puede ser testaruda y manipuladora. Es fácil señalar los defectos en los demás, pero las relaciones sanas comienzan con nosotros porque nuestra conducta actúa como un imán que, con el tiempo, determina la clase de gente que se siente atraída a nuestra esfera de influencia.

Cuando la nación de Israel llegó al punto en que estaba muy angustiada "el Señor hizo surgir caudillos" (2:15-16). Los podría haber rechazado, pero hizo surgir jueces. Podría haber renunciado a ellos, pero hizo surgir jueces. ¿Por qué seguía Dios amando y protegiendo a esta gente? ¡Era para la cosecha! Dios sabía que el Salvador del mundo nacería en la nación de Israel. Hoy era difícil amarlos, pero con el tiempo ellos se convertirían en una bendición para todo el mundo y Dios se vería a la larga rodeado de gente que él llamaría amigos.

Si yo deseo estar rodeado de gente responsable, misericordiosa, positiva e innovadora, tengo que darle a los demás verdaderas responsabilidades y expresar confianza en que las pueden asumir. Si deseo asociarme con individuos emocionalmente sanos, necesito perdonar las quejas que tengo contra los demás (Colosenses 3:13). Si, por alguna razón, prefiero atraer gente negativa, poco eficiente y criticona, puedo elegir criticarlos a menudo y controlar de forma excesiva su trabajo mientras que soy inaccesible y exigente. La gente que lidero actúa como un espejo, permitiéndome ver la manera en que yo abordo las relaciones.

COMIENZA CON LOS DE ARRIBA

Al final del día, la vida consiste en relaciones. Por esta razón, la eficacia del liderazgo es fortalecida o dificultada según la manera en que manejemos nuestras relaciones. Incluso Jesús define la salvación eterna desde el punto de vista de las relaciones. "Y ésta es la vida eterna: que te conozcan a ti, el único Dios verdadero, y a Jesucristo, a quien tú has enviado" (Juan 17:3). La mayor empresa del mundo, orquestada por la persona más importante de todo el universo, es definida como una relación con Dios y con su Hijo.

Como era su costumbre, Jesús y sus discípulos se metieron en una barca para cruzar el mar de Galilea. El Salvador aprovechó la oportunidad para enseñarles a los discípulos una extremadamente importante lección para la vida. "Tengan cuidado," les dijo. "Eviten la levadura de los fariseos y de los saduceos" (Mateo 16:6). La levadura de estos líderes era el intento vano y sutil de ser santurrones. Habían desarrollado un complicado sistema que parecía ser espiritual y disciplinado pero que, en realidad, era su propio esfuerzo personal disfrazado de devoción religiosa.

Por el contrario, Jesús llamaba a la gente a una manera interactiva e interdependiente de hacer las cosas: "Yo soy la vid y ustedes son las ramas. El que permanece en mí, como yo en él, dará mucho fruto; separados de mí no pueden ustedes hacer nada" (Juan 15:5). Cuando Jesús dice: "ustedes no pueden hacer nada", no quiere decir que no podamos hacer absolutamente nada. La historia ha demostrado que el ingenio y la dedicación humana son capaces de extraordinarias innovaciones porque todos fuimos creados a la imagen de Dios. Pero sin Cristo no podemos lograr nada que tenga valor eterno o que produzca fruto espiritual duradero.

Algunos de los aspectos del liderazgo que se suman a la habilidad de triunfar de cualquier organización están más allá del alcance del ingenio humano. Para un ministerio, el esfuerzo humano no tiene ningún valor cuando se trata de asuntos tales como la salvación eterna, la justificación ante Dios y cumplir su voluntad en la tierra. Todas las empresas funcionan mejor cuando los líderes involucrados superan su naturaleza pecaminosa y encuentran los recursos para vivir libres de toda condena, y sólo la gracia y la presencia interior del Espíritu Santo pueden abordar esas necesidades.

Los esfuerzos humanos pueden imitar esas actividades, pero los esfuerzos humanos carecen del poder redentor que convierte el deseo de ser eficaces en carácter. Podemos aparentar ser religiosos, disciplinados, sinceros y dedicados a vivir con rectitud sin la ayuda de Dios. Todo parece marchar bien por un tiempo, pero no es sustentable. Es como manejar un automóvil sin motor. Puede ir bien en bajada, pero tenemos que empujarlo para que suba la siguiente pendiente antes de que pueda tener impulso nuevamente. La mayoría de las veces es extenuante entremezclado con algunos momentos de euforia.

Cuando Jesús les advirtió a su discípulos sobre el peligro de la levadura de los fariseos y de los saduceos, al principio ellos pensaron que estaba señalando el error de ellos de no traer pan para el trayecto. Cayeron directamente en la trampa del esfuerzo propio. Aun cuando más de una vez Jesús había alimentado a miles de personas con un par de almuerzos, los discípulos estaban atascados en la mentalidad de que todo dependía de ellos.

Si somos honestos, no somos mejores. Cuando se abultan nuestras agendas, tendemos a pensar: *Si yo no me esfuerzo, esto nunca se va a hacer.* Sería magnífico que, en cambio, nuestro primer pensamiento fuera: *Dios me está encomendando un nuevo nivel de liderazgo con él. Tiene grandes planes y me acaba de invitar a una de sus ideas. Sería interesante ver cómo reúne los recursos para lograr que esto ocurra.*

BUSQUE ESTAR CONTENTO

Los líderes que están contentos tienen mejores relaciones porque pueden dar más de lo que toman. Cuanto más avanzamos, tanto más difícil es estar contentos. Tenemos mejores televisores, mejores teléfonos y mejores electrodomésticos que antes. Tenemos mejores medios de transporte que las generaciones que nos antecedieron.

Tenemos avances tecnológicos que nos parecían ciencia ficción hasta hace unos pocos años atrás.

Para darles un solo ejemplo, yo me sentía contrariado porque me iba a perder uno de los partidos de fútbol universitario de mi hijo menor ya que iba a estar viajando desde el oeste de Indiana a Louisville, Kentucky, a la hora del partido. Pero tenía una tarjeta de banda ancha celular para mi laptop. Pude conectarme al Internet, y miré el partido mientras Pam manejaba en la autopista a sesenta y cinco millas por hora. Fue increíble, pero creó un nivel de expectativa completamente nuevo. Ahora tengo que luchar contra el desaliento cada vez que me pierdo un partido porque están todos disponibles en el Internet.

Los detalles han cambiado, pero la lucha por estar contentos no es nada nuevo. El libro de Hageo comienza con un escenario similar. El pueblo de Israel estaba concentrado en poner en orden su vida. Habían construido casas y negocios. La ciudad funcionaba bien y atendían sus necesidades. Sin embargo, su contentamiento era escurridizo. "Ustedes siembran mucho, pero cosechan poco; comen, pero no quedan satisfechos; beben, pero no llegan a saciarse; se visten, pero no logran abrigarse; y al jornalero se le va su salario como por saco roto" (1:6).

Israel no podía encontrar el contentamiento que buscaba porque sus prioridades estaban fuera de foco. Sus casas, sus alimentos, sus ropas y sus empresas no tenían nada de malo. El problema era que su relación con Dios era inadecuada. Era imposible usar el templo, la casa de Dios, porque estaba en ruinas. "¿Acaso es el momento apropiado para que ustedes residan en casas techadas mientras que esta casa está en ruinas?" (1:4). No podían encontrar contentamiento porque estaban ignorando los asuntos del corazón.

Todo avance es una distracción potencial de la verdadera fuente de vida. Es fácil depender de las redes sociales, encuestas virtuales y procesos manejados por computadoras para satisfacer las necesidades de nuestra vida. Mientras que disfrutamos de todas estas nuevas tecnologías y confiamos en sus habilidades, no debemos descuidar los hábitos que cultivan el contentamiento en nuestro corazón.

Incorporemos momentos de devoción personal a nuestra agenda. Escojamos la hora y duración que podamos dedicarle regularmente con éxito. Luego reiniciemos nuestro compromiso con este momento de tranquilidad con Dios cada día. Si perdemos un día, comencemos nuevamente al día siguiente.

Programemos momentos de oración. Durante algunos de esos momentos, presentemos nuestros pedidos a Dios y hablemos sobre nuestras responsabilidades con nuestro Creador. En otros momentos, comencemos con la simple afirmación: "Dios, habla tú primero". Luego, asumamos que cualquier pensamiento que surja en nuestra mente es algo de lo que Dios desea hablar.

Establezcamos una rutina de alabanza. La alabanza corporativa nos recuerda que Dios es nuestro líder y que merece que lo sigamos, admiremos y que confiemos en él.

Tomemos un momento para la reflexión personal. La vida es más que logros, pero como líderes es fácil vernos envueltos en la necesidad de constantemente producir, actuar y esforzarnos por avanzar. Todas estas cosas son valiosas para el liderazgo, pero si no las interrumpimos periódicamente, nuestra vida alcanza un nivel tóxico de estrés.

Dios nunca les dijo a los israelitas que se deshicieran de sus casas o de las ventajas de su vida. Simplemente les recordó que hicieran primero lo más importante, lo cual es el secreto para estar contentos.

SEA CONFIABLE EN SUS RELACIONES

Nuestra familia va ha hacernos las preguntas más importantes del liderazgo. Un hombre me dijo una vez: "Mi hija de dieciocho años me preguntó: '¿Cómo puedo saber si un joven en el que estoy interesada es el hombre con el que me tendría que casar?' ¿Qué es lo que usted le diría? ¿Existe siquiera una respuesta a eso o es algo que tengo que resolver yo mismo?"

Después de pensarlo con cuidado, le señalé que esa clase de decisiones implican factores tanto objetivos como subjetivos. En lo objetivo, hay que evaluar asuntos de carácter. Le dije que le pida a su hija que haga una lista de los rasgos que busca en el hombre con el que ella estaría dispuesta a pasar el resto de su vida. Hay numerosos pasajes en la Biblia que hablan de la importancia del carácter personal. Efesios 5 es uno de ellos. Nos anima a todos a buscar lo siguiente:

Un amor persistente. "Lleven una vida de amor, así como Cristo nos amó y se entregó por nosotros" (5:2). Esta es la clase de amor que se sacrifica voluntariamente y busca lo mejor para los demás. No es: "Te amo porque deseo algo de ti", sino "Te amo porque eso es lo que soy".

Excelencia moral. "Entre ustedes ni siquiera debe mencionarse la inmoralidad sexual" (5:3). La gente en la que podemos confiar durante toda la vida controlan las poderosas pasiones en su vida. No es que deseemos acallar nuestros deseos. Sólo deseamos que las fuerzas de nuestra vida estén dirigidas hacia actividades sanas, alentadoras y productivas y no hacia la gratificación personal.

Estímulo ético. "Tampoco debe haber palabras indecentes, conversaciones necias ni chistes groseros, todo lo cual está fuera de lugar; haya más bien acción de gracias" (5:4). El Espíritu Santo que está en nosotros tiene una actitud positiva y busca maneras de fortalecer a los demás. Las palabras son poderosas aliadas o armas destructivas. Cada uno de nosotros debe decidir cómo las habremos de usar.

Entregados a la verdad. "Porque ustedes antes eran oscuridad, pero ahora son luz en el Señor. Vivan como hijos de luz" (5:8). Cuando conocemos a Jesús, encontramos la fuente de la verdad y nos vemos expuestos a todo lo que es verdadero acerca de la vida. Si vamos a ser constantes en nuestra relación con él, vamos a tratar de aplicar la verdad a nuestra vida regularmente.

Esta es una breve lista del tipo de carácter que Dios está tratando de establecer en nosotros. La lista puede sin duda ser tan extensa que nadie puede satisfacerla, pero es útil identificar cuáles son los rasgos importantes del carácter que permiten que exista una sana relación. Esta clase de preguntas nos obligan a ser honestos porque no podemos exigir de los demás lo que no esperamos de nosotros mismos.

Es asombrosa la cantidad de veces que escucho: "Hoy día hay escasez de líderes." Con todos los adelantos de nuestra sociedad, todo el progreso educativo y todos los recursos de capacitación disponibles, tendría que haber un grupo de líderes cualificados y bien capacitados listos para dar dirección y energía a nuestras organizaciones. En cambio, el mundo está luchando por encontrar personas confiables que sean nuestros líderes.

Una de las razones principales por esta falta es que hemos perdido nuestra credibilidad moral. La gente que no puede mantener sus compromisos en casa desea que los pongan a cargo de ambientes productivos. La gente que no puede dar respuestas creíbles a sus hijos desean que confiemos en las respuestas que dan en el lugar de trabajo. La gente que no disciplina sus pasiones desea que finjamos que pueden disciplinar el flujo de tareas en ambientes complejos de trabajo.

Sin embargo, la búsqueda no termina con la lista objetiva. Todos tenemos preferencias subjetivas que incluyen la personalidad, aspecto físico, sentido del humor, sentido de propósito, actividad profesional e intereses sociales. Yo aliento a los jóvenes a que identifiquen honestamente esas preferencias subjetivas porque son una gran parte de lo que nos atrae a los demás. Cuando convergen la lista objetiva y la lista subjetiva en una relación, tenemos mucha confianza de que la otra persona tiene lo necesario para construir una vida juntos.

Por supuesto, no hay garantías absolutas en ninguna relación porque frecuentemente nos vemos enfrentados a importantes decisiones que tienen el poder de modificar nuestras vidas. Sin embargo, lo más probable es que la gente que tenga un carácter sólido y que se sienta atraída hacia su pareja por razones válidas va a decidir resolver esos problemas juntos en vez de usarlos para atacar al otro.

LA HABILIDAD DE DISCERNIR

El problema con el lado subjetivo es que podemos engañarnos. Las emociones que suben y bajan en las relaciones son poderosas, pero no son siempre inteligentes. La historia de la humanidad está plagada de relatos de penas, engaños y desalientos porque la gente no supo distinguir entre las emociones pasajeras y los rasgos fundamentales. Existen tres habilidades que ayudan a los que desean desarrollar su capacidad de discernir en el lado subjetivo de las relaciones.

Escuchar

Santiago 1:19 dice: "Mis queridos hermanos, tengan presente esto: Todos deben estar listos para escuchar, y ser lentos para hablar y para enojarse." El escuchar con paciencia les da la oportunidad a los demás de compartir quiénes son y le da a usted la oportunidad de ir más allá de la pasión pasajera antes de decidir qué clase de relación es esa. El escuchar de manera sana implica:

- Un descubrimiento paciente. Las personas que desean llegar a conocer a los demás escuchan sin interrumpirlos hasta que escuchan algo que les llama la atención. Puede ser una afirmación repetida, una declaración que no parece ajustarse al resto de la conversación o puede ser una palabra particularmente emocional. Cuando lo escuche, repítalo con un tono de voz que diga: "Esto es interesante. Me gustaría escuchar más acerca de ello."
- Una curiosidad persistente. En algún momento,

le va a parecer que entiende lo que la otra persona está tratando de comunicar. Cuando lo haga, repítalo en sus propias palabras y luego pregunte: "¿Es esto lo que estás diciendo?"

Los límites personales

La interacción humana y la atracción son poderosas. Dios nos ha creado para que nos conectemos con los demás, lo cual crea poderosas tentaciones. La única manera de manejar las atracciones que surgen naturalmente en las interacciones humanas es con límites saludables. Los límites son la decisión de conservar el respeto manteniendo la relación es su lugar apropiado. Dios mismo dijo: "No es bueno que el hombre esté solo. Voy a hacerle una ayuda adecuada" (Génesis 2:18). Adán amaba a Dios y estaba funcionando al máximo de sus capacidades. Aparentaba tener todo lo necesario para vivir. Pero Dios sabía que existía la necesidad en el corazón de Adán de estar conectado con alguien como él. Mediante su gracia, Dios creó a Eva para que fuera su compañera.

Sin embargo, las cosas no tardaron en complicarse. Dios le dijo a Adán: "Puedes comer de todos los árboles del jardín, pero del árbol del conocimiento del bien y del mal no deberás comer. El día que de él comas, ciertamente morirás" (Génesis 2:16-17). En un mundo de abundantes oportunidades, se le dijo que evitara una sola cosa, y no la pudo resistir.

En verdad, ambos eran igualmente responsables, pero los detalles de la historia son fascinantes. Eva fue engañada por Satanás para que comiera del único árbol que Dios deseaba que evitaran. Su elección forzó a Adán a tomar una decisión propia. O ponía un límite o ignoraba sus recursos y se zambullía con los ojos cerrados.

Ignorando el hecho de que todos hubiéramos hecho lo mismo que Adán, la mejor opción habría sido llevar la situación a Dios. Adán y Eva tenían la costumbre de tener encuentros cara a cara con su Creador. Fácilmente podrían haber ido a verlo para explicarle la situación y preguntarle: "¿Qué hacemos ahora?" Es imposible decir exactamente qué hubiera ocurrido, pero seguramente Dios habría tenido una solución que reflejaba su gracia y su preocupación por los que había creado.

Desde entonces, todos tenemos la costumbre de tomar decisiones impulsivas, egoístas y con poca visión de futuro basadas en nuestras pasiones. Los límites dicen: "Voy a reducir la velocidad hasta que mis pensamientos se pongan a la par de mis emociones." Los límites dicen: "Voy a hacer lo correcto aun cuando no sienta que es la mejor opción." Los límites dicen: "Sólo voy a asumir mi responsabilidad, amar a mi esposa, aceptar mis recompensas y honrar mis compromisos." Los límites dicen: "No voy a sacrificar la integridad a largo plazo por placer inmediatos."

Definiciones prácticas

Todas las relaciones sanas son definidas y las conductas son limitadas por la clase de relación. Antes de entrar en conversaciones personales, iniciar un contacto físico, compartir actividades sociales o hacer acuerdos financieros, la gente interesada en tener relaciones sanas define el nivel de participación. Esto es principalmente un proceso interno. Sería algo extraño preguntarle a alguien que conocemos: "¿Qué clase de relación tenemos aquí?"

Sin embargo, podemos hacernos esa misma pregunta con respecto a las personas que integran nuestra vida. Aquellos que determinan sus interacciones según el nivel de participación tienden a tener amistades sólidas, relaciones de trabajo productivas y relaciones familiares íntimas. Aquellos que transgreden este principio tienden a sumar complejidad a sus relaciones y les resulta difícil mantener relaciones sanas a lo largo del tiempo.

JERARQUÍA DE LAS RELACIONES

TIPO DE RELACIONES			
Nivel de participación	**Amistades**	**Relaciones de trabajo**	**Intereses románticos**
Cauteloso	Conocidos	Conocidos	Conocidos
Curioso	Amigos casuales	Colegas	Citas casuales
Confiado	Amigos confiables	Aprendices	Citas exclusivas
Conectado	Mentores	Mentores	Prometido/ prometida
Dedicado			Esposo/esposa

EL DIFÍCIL CAMINO DE LA COMPASIÓN

Es necesario tener mucho cuidado para determinar cuándo refrenarnos en las relaciones para evitar la tentación, el escándalo o el engaño. De la misma manera, se necesita una valiente compasión para determinar cuándo involucrarnos en las desgracias ajenas como instrumentos del amor de Dios.

Como muchos de ustedes, he concurrido a servicios de conmemoración de la tragedia del 11 de septiembre. Tuve el privilegio de escuchar a Gregg Manning, un miembro del Cuartel de Bomberos de Nueva York, cuando relataba su experiencia en ese día nefasto y las semanas que siguieron.

Normalmente, no lloro en reuniones públicas, pero esta vez no pude evitarlo. Había una compasión tan sincera en su voz cuando nos describió las seis personas de su cuartel de bomberos que murieron cuando cayeron las Torres Gemelas. Ese robusto empleado público nos presentó luego con ternura a su buen amigo, Dana, que corrió a la catástrofe para salvar vidas sacrificando finalmente la propia. Gregg es un ejemplo vivo de 2 Corintios 1:3-4, 7:

> Alabado sea el Dios y Padre de nuestro Señor Jesucristo, Padre misericordioso y Dios de toda consolación, quien nos consuela en todas nuestras tribulaciones para que con el mismo consuelo que de Dios hemos recibido, también nosotros podamos consolar a todos los que sufren… Firme es la esperanza que tenemos en cuanto a ustedes, porque sabemos que así como participan de nuestros sufrimientos, así también participan de nuestro consuelo.

Gregg era lo suficientemente vulnerable como para compartir su sufrimiento. Durante semanas estuvieron dedicados a los esfuerzos de rescate en los escombros. El primer cuerpo que encontraron fue un torso amputado. Él fue al lugar esperando encontrar sobrevivientes, pero fue relegado a descubrir sólo cuerpos. Cada vez que encontraban a un camarada caído, llamaban al cuartel de bomberos al que pertenecía esa persona. Colocaban luego los restos en un féretro y lo envolvían en la bandera de los Estados Unidos. Se detenían todas las tareas mientras que el cuartel de bomberos silenciosamente marchaba con su hermano del lugar.

Uno podía darse cuenta de que el dolor seguía siendo agudo después de diez años del acontecimiento. Varias veces se le llenaron los ojos de lágrimas y tuvo que hacer una pausa para componerse. El dolor de su experiencia podría haberlo llenado de amargura, pero se había transformado milagrosamente en compasión. Con generosidad, vino a nuestro pequeño pueblo en Arkansas temprano a la mañana para estar con nosotros. Vino porque, en sus propias palabras, "Todo el país vino a ayudarnos en nuestro momento de necesidad. Esta es solo una manera de devolver lo recibido."

Vamos a experimentar días oscuros. Vamos a sufrir la pérdida de seres amados y la pérdida de nuestros sueños. Tendremos reveses financieros e interrupciones traumáticas. La gente que aparentaba ser amiga nos va a decepcionar o traicionar. Surgirán malos entendidos con gente que es amiga. Los que no nos aprecian harán todo lo posible para ocasionarnos problemas. Una vez que se presenten esas experiencias, tenemos una opción. Podemos concentrarnos en las injusticias y desarrollar un corazón encallecido y amargado o podemos perdonar, buscar el consuelo de Dios y dejar que ello forje en nosotros un corazón lleno de compasión.

No hay nada más dulce que el consuelo que nos trae alguien que ha padecido lo mismo que nosotros. Saben lo que se siente. Saben lo que hay que decir y lo que no hay que decir. Saben lo que es estar a nuestro lado y saben cómo alentarnos. Cuando dicen: "Vas a salir de esta", podemos creerles porque ya han comprobado que es verdad.

Cuando Shirley Van Epp dice: "Vas a superar esto", no hay forma de negar su credibilidad. Shirley es la entrenadora de carrera a campo traviesa del colegio secundario de Buckeye en Medina, Ohio, y ella ha tenido una intensa batalla contra el cáncer de mama. A pesar de una doble mastectomía, histerectomía completa, quimioterapia, tratamientos con radiación y numerosas operaciones de reconstrucción, jamás dejó de asistir a las competiciones y sólo perdió una sola práctica con sus equipos.

Eso es lo que hace el amor. Cuando nos invade el corazón, siempre encontramos la manera de hacer lo mejor para la gente que apreciamos. Puede usted imaginarse qué inspiración recibió el equipo de su presencia. De manera característica, ella dice haber recibido más de su equipo que su equipo de ella. "Estar en medio de la energía y entusiasmo y vitalidad de los jóvenes es tremendamente alentador. Casi podría decir que me dan vida."

Eso fue en el 2007. Más recientemente, Shirley donó su salario de entrenadora y participó en una intensa recaudación de fondos para cubrir los $ 600 de tarifa de participación que tiene que pagar cada uno de los atletas por el privilegio de ser competidores de ese deporte. A ella no le pareció gran cosa ya que es lo que le encanta hacer.[15]

HABLE SU MISMO LENGUAJE

Estaba yendo a cenar durante un campamento de la familia cuando tuve una graciosa conversación con un niño de cuatro años.

> —¿Qué has estado haciendo hoy? —le pregunté.
>
> —Vimos cangrejos en la playa junto a una gran roca.
>
> —Caramba, me imagino que eso fue muy divertido.

—Sí, algunos de ellos estaban muertos y vimos patas de cangrejos.

—¿Patas de cangrejos? ¿De verdad?

—Sí, los cangrejos necesitan patas para caminar.

—Vaya, ¿cómo caminan los cangrejos? —le pregunté con la esperanza de que me hiciera una demostración cómica.

—Caminan como karate —me respondió.

Debo haber puesto cara de sorprendido porque su papá rápidamente me explicó que en la clase de karate los hacían caminar como cangrejos durante el precalentamiento. El papá entendió enseguida porque él hablaba el mismo lenguaje. Yo necesité que me lo explicaran en términos que pudiera entender, ya que no había sido expuesto a su mundo.

Dios hace lo mismo por nosotros. Él vive en un mundo que todavía no hemos experimentado y habla un lenguaje que todavía tenemos que aprender. Ha iniciado una relación con nosotros y tiene un intrépido plan para cada uno de nosotros. Anhela comunicarnos ese plan, pero no lo puede hacer en sus propios términos porque nos resultarían extraños. Si tuviera que darnos todo el plan, nos abrumaría, pero él desea que participemos totalmente en él. Por lo tanto, nos da palabras de acción para que sepamos qué hacer aun cuando no sepamos el porqué. Notemos todas las palabras de acción en el Salmo 34 que fueron dadas para describir nuestro rol:

- *Prueben* y *vean* que el Señor es bueno (v. 8).
- *Teman* al Señor, ustedes sus santos (v. 9).
- Los que *buscan* al Señor (v. 10).
- Que *refrene* su lengua de hablar el mal y sus

labios de *proferir* engaños (v. 13).
- Que se *aparte* del mal y *haga el bien* (v. 14).
- Los justos *claman*, y el Señor los oye (v. 17).

Como líderes, siempre iremos al frente de los que lideramos. Habremos pasado más tiempo pensando en el plan, más horas agonizando sobre las soluciones y más días soñando sobre las decisiones futuras. El explicar las complejidades de la visión, los objetivos y proyecciones futuras puede desacelerar el progreso de los miembros del equipo porque ellos todavía no hablan el lenguaje del liderazgo. Lo que la mayoría de ellos necesitan son los pasos de acción que los ayudarán a triunfar.

EL PODER DE LA INFLUENCIA PERSONAL

Nosotros nos convertimos en la gente con la que estamos. Como advertencia, la Biblia nos da un principio: "No se dejen engañar: 'Las malas compañías corrompen las buenas costumbres'" (1 Corintios 15:33). En un desafío de inspiración, la Biblia proclama: "Acuérdense de sus dirigentes, que les comunicaron la palabra de Dios. Consideren cuál fue el resultado de su estilo de vida, e imiten su fe" (Hebreos 13:7). La influencia de los demás es uno de los temas principales del libro de Jueces.

Nuestras relaciones les dan forma a nuestras convicciones espirituales. "Los israelitas vivían entre cananeos, hititas, amorreos, ferezeos, heveos y jebuseos. Se casaron con las hijas de esos pueblos, y a sus propias hijas las casaron con ellos y adoraron a sus dioses" (Jueces 3:5-6). Israel eligió casarse con esas naciones paganas, lo cual condujo a una desastrosa idolatría.

Todos sabemos que las mujeres tienen una gran influencia en la vida de los hombres. Los estudios demuestran que los hombres tienden a cambiar su conducta cuando están con mujeres. Son menos belicosos, más amables y más cuidadosos en sus actitudes y comportamiento. Por otra parte, las mujeres cambian muy poco su manera de interactuar y comportarse cuando están con hombres.[16] Para la nación de Israel, esto significó que los hombres adoptaron las prácticas espirituales de sus esposas de inmediato, mientras que las mujeres no adoptaron las creencias de sus maridos.

Nuestras relaciones les dan forma a nuestros valores morales. "Los israelitas hicieron lo que ofende al Señor; se olvidaron del Señor su Dios, y adoraron a las imágenes de Baal y de Aserá" (3:7). El pueblo de Israel no tenía la intención de tomar malas decisiones y enojar a Dios. Su objetivo no era ser rebelde o hacer el mal. Simplemente no vieron las consecuencias de tener intimidad con gente que no compartía sus convicciones.

Estamos en la tierra para ser una influencia para el bien. Si deseamos mantener esa influencia, tenemos que elegir como aliados más cercanos aquellos que comparten nuestras convicciones morales. Siempre ha sido mi objetivo tener amigos que estén en desacuerdo conmigo, pero estoy decidido a tener amigos íntimos que hayan elegido el mismo estilo de vida que yo.

Nuestras relaciones les dan forma a nuestras oportunidades. "Él hizo que surgiera un libertador, Otoniel hijo de Quenaz, hermano menor de Caleb. Y Otoniel liberó a los israelitas... El país tuvo paz durante cuarenta años" (3:9-11). A la gente le fue bien gracias a la presencia de Otoniel.

Era un buen líder. Tenía una visión clara de lo que tenía que hacer la nación. Sus convicciones eran sólidas, sus valores morales eran firmes y él estaba entregado a su misión. El resto del pueblo obtuvo confianza gracias a él y descubrió una nueva forma de vida.

EL PODER DE LAS RELACIONES CORRECTAS

La eficacia de nuestro liderazgo estará siempre sujeta a nuestras relaciones porque todos nos terminamos pareciendo a la gente con la que pasamos más tiempo. Es por eso que cuando era joven decidí que Jesús estaría en mi lista de referentes masculinos. Me parecía un pensamiento un poco extraño al principio, ya que Jesús era tanto mejor, tanto más inteligente, tanto más poderoso de lo que yo jamás podía soñar ser, pero él se había pasado treinta y tres años de su vida forjando relaciones verdaderas. En parte, Jesús tenía autoridad como líder porque se relacionaba estratégicamente con los aspectos más importantes de la vida (Isaías 11:2). Al seguir su ejemplo, hagamos que nuestro objetivo sea:

Las relaciones correctas con las decisiones. "El Espíritu del Señor reposará sobre él: espíritu de sabiduría y de entendimiento." Tomo tantas decisiones todos los días que las doy por hecho. Tengo que elegir qué ponerme, qué comer, cómo voy a organizar mi día, cómo hacer ejercicio, cuál será paso a paso mi actitud, qué tarea emprenderé para mi desarrollo personal y demás. Cada una de estas decisiones funciona mejor cuando tengo la sabiduría y entendimiento para saber qué hacer y cómo hacerlo.

Las relaciones correctas con los demás. "El espíritu de consejo y de poder (reposará sobre él)." Todas las relaciones sobre la tierra tienen defectos porque son la interacción de dos personas imperfectas. A veces las relaciones humanas requieren un suave toque de gracia, paciencia y humildad. La gente necesita tiempo para crecer y la libertad de funcionar con sus imperfecciones. Otras veces, las relaciones necesitan influencia y confrontaciones. La gente puede ser terca, reticente o no ver lo que está haciendo y tiene que ser confrontada con "poder". No es fácil saber cómo hacerlo, pero cuando lo hacemos bien todo marcha de manera diferente.

La relación correcta con Dios. "El espíritu de conocimiento y de temor del Señor (reposará sobre él)." Dios es más que una idea, más que un concepto religioso y más que un Creador pasivo. Es una Persona viva, que piensa y que siente. De seguro nos supera en todas las categoría, pero Dios instituyó nuestra vida de manera que pudiéramos interactuar con él. Necesitamos conocimientos que nos ayuden a entenderlo ya que existen muchas cosas acerca de Dios que nunca podremos entender a solas. Pero Dios es infinito. Su majestad, poder, presencia, sabiduría, naturaleza eterna, amor y demás no tienen fin. Por tanto, el relacionarnos con él siempre implica descubrimiento y reverencia. Lo maravilloso es que Dios creó la manera de que fuéramos miembros adoptados de su familia y de que fuéramos amigos de él.

Vale la pena desarrollar nuestras habilidades de relación ya que cuando la gente observa la condición de nuestras relaciones, determina el nivel de influencia que nos permitirán tener en su vida. ¡Usted es el mejor recurso de liderazgo que tiene!

8

DECIDA IDENTIFICAR A LAS PERSONAS INFLUYENTES

El liderazgo era un concepto misterioso para mí cuando era joven. Me sentía atraído a él, pero no lo entendía. Mirando atrás, el tema comenzó a aclararse cuando ingresé al colegio secundario.

Yo deseaba jugar al fútbol, pero no sabía cuál posición sería la correcta para mí. Era 1973 y los Miami Dolphins estaban dominando en la NFL y Larry Csonka era el mejor fullback en la liga. La manera agresiva en que corría inspiraba algo dentro de mí que me hacía sentir muy fuerte y valiente. Cuando lo vi empujar a su contrincante como si fuera una muñeca de trapo, algo se conmovió en mí que me dio el deseo de dejar de ser un niño y comenzar a ser un hombre. Por lo tanto, cuando me uní al equipo de fútbol americano elegí usar el número de Csonka (39) y decidí jugar como fullback y linebacker exterior.[17]

Después de la primera semana, un par de amigos del equipo se me acercaron y me dijeron: "Deseamos probarte como quarterback."

—Cody va a hacerlo bien —les dije—. Además, yo soy un fullback.

Durante el primer scrum, yo era el linebacker exterior inicial, pero el fullback segundo. Después del scrum, mis amigos se me acercaron otra vez. "Bill, por favor prueba ser quarterback. Pensamos que esa es tu posición."

Ahora me doy cuenta de que ese era un llamado al liderazgo, pero en ese momento no lo entendí. Sólo pensaba que mis amigos estaban tratando de ser amables conmigo y que estaban frustrados con Cody. No tenían confianza en él, de modo que deseaban que otro ocupara su posición. Era difícil escuchar el mensaje correcto porque yo deseaba ser el próximo Larry Csonka. Deseaba ser un jugador aguerrido, fuerte, inflexible. No deseaba ser un quarterback que evitaba el contacto.

Cuando los primeros jugadores me lo pidieron, no me sentí persuadido. Me agradaba que me lo hubieran pedido, pero sus pedidos no me movieron a la acción. Luego vino Don y me habló. Don era un hombre robusto pero tierno a la misma vez. En mi opinión, era el mejor jugador de nuestro equipo. Cuando Don jugaba bien, todos jugábamos bien. Si alguna vez Don se sentía frustrado, todo el equipo se veía afectado por ello. La única razón por la que no estaba yo decepcionado de ser el fullback segundo era que Don era el primero y yo sabía que no sería bueno para el equipo si él no jugaba. Cuando Don se acercó a mí y dijo: "Realmente pienso que tendrías que ser quarterback. Podríamos jugar muy bien juntos", algo en mí cambió.

En ese momento no pude explicarlo, pero ahora entiendo que Don era la persona más influyente del equipo y que, cuando él hablaba había resultados.

Con el aliento de Don, decidí probar ser quarterback y me gustó de inmediato. El talento que necesitaba era algo natural en mí. Me resultaba sencilla la ofensiva. El tocar el balón en cada jugada me daba una gran satisfacción.

ESCUCHE EL LLAMADO

De repente, yo era un líder. Todos buscaban mi dirección. Contaban conmigo para realizar la ofensiva, hacer la jugada correcta y hacer las jugadas en el momento estratégico. Era maravilloso y confuso a la vez. Yo no sabía muy bien qué era lo que hacía que un líder fuera bueno. Supuse que si yo señalaba las jugadas y desempeñaba bien mis funciones, los otros me seguirían. Me imaginé que la gente me escucharía porque yo era el quarterback.

Yo tenía objetivos que no conseguía alcanzar del todo. Me di cuenta de que tenía algunos talentosos jugadores en la ofensiva, así que decidí que mi meta sería marcar treinta y cinco puntos por partido. Sin embargo, no sabía cómo comunicarle mi objetivo al equipo. Lo había escrito en mi cuaderno, pero no tenía idea de cómo exportarlo a mis compañeros. Hacíamos un promedio de más de cuatrocientas yardas en la ofensiva por partido, pero sólo conseguíamos marcar un promedio de catorce puntos.

Durante esa temporada, comencé a notar que muchos de los jugadores se reunían con Paul, un jugador crudo, agresivo, a veces inmoral. Jugaba como linebacker y alero derecho. Criticaba a muchos de los jugadores del equipo y confrontaba a otros con aparente facilidad. También era un jugador talentoso. En ese momento no lo supe entender pero, como Don el año anterior, Paul era el jugador más influyente del equipo. Yo era el quarterback y tenía la responsabilidad de liderar el equipo, pero Paul era al que todos buscaban para que les diera su confirmación. Si yo iba a alcanzar las metas que anhelaba en mi corazón, tendría que reclutar a Paul y solicitar su apoyo.

Pero yo no lo entendí en ese momento y no tomé los pasos necesarios para reclutarlo. En cambio, nos pasamos dos años discutiendo. Él me criticaba y yo me sentía intimidado por él. Cuando miro hacia el pasado, me doy cuenta de que él estaba tratando de que yo me diera cuenta de su influencia y de que yo necesitaba su apoyo pero no tenía el talento para lograrlo.

PURO TALENTO

Como Paul, muchas personas influyentes comienzan con asperezas. Puede resultar difícil identificarlos como personas clave porque pueden ser cáusticos hasta que maduran y tienen un impacto. Un estudiante universitario estaba en una clase de filosofía que estaba discutiendo la existencia de Dios.

> —¿Ha escuchado alguno de ustedes a Dios? —preguntó el profesor.
>
> Nadie respondió.
>
> —¿Ha tocado alguno de ustedes a Dios?
>
> Nuevamente, nadie dijo nada.
>
> —¿Ha alguno de ustedes visto a Dios?
>
> Cuando nadie respondió a esta tercera pregunta, el profesor dijo: “Entonces no hay Dios.”
>
> Uno de los alumnos pensó durante un segundo

> y luego pidió permiso para responder. Curioso por escuchar la respuesta de este valiente joven, el profesor se lo concedió. El alumno se puso de pie y les preguntó a sus compañeros de clase: "Ha alguno de ustedes escuchado el cerebro de nuestro profesor?"
>
> Silencio.
>
> —¿Ha alguno de ustedes tocado el cerebro de nuestro profesor?
>
> Silencio absoluto.
>
> —¿Ha visto alguno de ustedes el cerebro de nuestro profesor?
>
> Cuando nadie se atrevió a hablar, el estudiante concluyó: "Entonces, de acuerdo con la lógica de nuestro profesor, ¡debe de ser cierto que nuestro profesor no tiene cerebro!"
>
> Por su presentación lógica, el alumno recibió un 10.[18]

Es probable que su enfoque podría haber sido un poco más delicado, pero no hubo duda de su influencia.

LA CLAVE PARA LOGRAR QUE SE HAGAN LAS COSAS

La primera vez que escuché acerca de las personas influyentes clave, la situación con Paul tuvo sentido. Él había sido fundamental para lograr que se hicieran las cosas y yo no había tenido la experiencia necesaria para entender qué hacer con él. Determiné que a partir de ese momento eso no me volvería a suceder. Aprendería cómo identificar a las personas influyentes importantes. Aprendería a reconocer que la gente que suele intimidarme es a menudo la que necesito reclutar. Aprendería a repasar mis objetivos con las personas más estratégicas para que me pudieran ayudar a comunicar esas metas a los demás.

Las personas influyentes clave son las personas que hacen que las cosas realmente ocurran. Pueden tener puestos de influencia o pueden simplemente estar asistiendo, pero son los que determinan qué es lo que va a verdaderamente ocurrir cuando llegue el momento de tomar una decisión. Si queremos tener éxito como líderes, tenemos que identificar quiénes son esas personas y encontrar la manera de subirlos a bordo de lo que deseamos alcanzar.

La selva de palmeras Babassu en Brasil es diferente hoy día porque una persona influyente luchó por ella. A principios de los 80, las querellas por la tierra se resolvían con topadoras, balas y fuerza. El que llegaba primero a la jungla, mostraba el tractor más grande o estaba dispuesto a amenazar a todos con una pistola, podía asegurarse la tierra para los fines que quisiera. Generalmente, la policía miraba para otro lado y decidía no involucrarse. Diane de Christ's Church of the Valley en Royersford, Pennsylvania, describe cómo una persona influyente llamada Diocina le puso fin a esa práctica.

> Esos árboles producen un aceite que se usa en cosméticos, cremas y jabones. Proviene de las hojas de las palmeras, de modo que la destrucción de la selva era un decreto de muerte para los que cultivaban la selva para obtener el aceite de la palmera.
>
> Los trabajadores del campo —todas mujeres— no tenían ninguna protección ni nadie que las representara. Pero una de ellas, Diocina Lopes,

> dijo basta. Estaba cansada de no hacer nada y dejar que los demás la pisotearan, literalmente. Tenía hijos que alimentar y su único recurso para hacerlo era cosechar las hojas de las palmeras. De modo que reunió a las demás mujeres y se pararon delante de la topadora. Y lo hicieron vez tras vez, hasta que finalmente el gobierno reconoció su derecho a las tierras y le puso fin a la práctica de allanar el terreno para obtener ese derecho. Como resultado, las mujeres en esta zona de la selva del Amazonas comenzaron a producir un jabón de aceite de palmera que a la larga se convirtió en un negocio de exportación. Lo llamaron el "jabón de las mujeres"...
>
> Diocina no tenía porqué hacerlo. Podría haberse ido a otra selva de palmeras para continuar ganándose la vida. Pero eligió movilizar a las mujeres sobre las que tenía influencia y hacer una diferencia en la vida de esa comunidad. Ella y las mujeres que se le unieron cambiaron su futuro y el futuro de sus hijos.[19]

He aprendido que todas las organizaciones o grupos de personas contienen gente influyente que son la clave para determinar el éxito o el fracaso de cualquier empresa. El ganar el apoyo de esta gente puede contribuir a nuestra eficacia para alcanzar nuestros objetivos de liderazgo. Ellos endosan nuestras ideas, reclutan el favor de las demás personas del grupo y dedican tiempo y otros recursos para hacer avanzar los proyectos. Si no incluimos a estas personas en el proceso de tomar una decisión, nos toparemos con obstáculos en cada esquina. La gente que podría estar muy entusiasmada va a dudar si involucrarse o resistir la idea. Podemos preguntarles por qué, pero la respuesta no tendrá mucho sentido, ya que ellos no saben cómo decirnos: "No he visto que Pete esté involucrado en esto, así que yo retengo mi apoyo." Es posible que piensen que es una buena idea, pero no parecen tener ganas de embarcarse en ella.

GANE SU FAVOR

Si usted desea ser un líder exitoso, tiene que desarrollar la habilidad de identificar y reclutar esas personas influyentes. Mel era esa clase de persona para mí. No tenía un título universitario. Había trabajado duramente como obrero y jamás había recibido ninguna capacitación formal como líder. Cuando joven, había sido controlador, perverso y egoísta. Daba órdenes a todo el mundo en su casa y en el trabajo todo lo irritaba. Muchas veces recurría al alcohol para aliviar su estrés, lo cual hacía que fuera aún más perverso e irascible.

Cuando su esposa se separó de él debido a su comportamiento, él se quedó atónito. Hasta ese momento, él había podido intimidar a todo el mundo. El darse cuenta de que iba a perder lo que más le importaba en la vida cambió su corazón. Entregó su vida a Cristo y experimentó una dulzura que jamás se imaginó que existía. Comenzó a sentir un nuevo amor por su esposa y sus hijos. Su voz adquirió un tono más suave. Un deseo inexplicable de servir a los demás comenzó a surgir en él, y un tremendo apetito por la Palabra de Dios.

Comenzó a concurrir a una iglesia y a servir donde podía. Participaba en todos los días de trabajo, servía en los comités y asistía a todas las reuniones que lo ayudaran a crecer en su nueva fe. Cuando la iglesia deseó sembrar una nueva iglesia en una comunidad vecina, Mel se ofreció con entusiasmo como voluntario para formar parte del equipo. Durante años, fue el miembro más fiel de esa congregación. Con el tiempo, lo reconocieron como la fuerza impulsora de la iglesia aun cuando jamás había recibido un salario.

¿CÓMO PUEDE IDENTIFICAR ESAS PERSONAS INFLUYENTES CLAVE?

La influencia en cualquier organización es una fuerza que se desarrolla de manera orgánica. Lo vemos cada vez que hay una elección nacional. Un número de candidatos calificados, dedicados y articulados se presentan como postulantes. Mediante el proceso de campaña se pone en evidencia que uno de los candidatos es más influyente que los demás.

Eso no es tan obvio en las empresas, iglesias u otras organizaciones comunitarias. Durante el curso regular de las actividades, algunas personas parecen influenciar a los demás. Simplemente no podemos asignar niveles de influencia a la gente porque no se trata de un puesto. Los rasgos de la personalidad, postura, ideas prácticas y pasiones personales se combinan de una manera misteriosa para elevar la influencia de una persona sobre la otra. Con el tiempo, la habilidad de la persona de persuadir a los demás se acrecienta en algunos y disminuye en otros. Dado que su habilidad de liderar depende de obtener el apoyo de esas personas persuasivas, ¿cómo puede identificar quiénes son? Estas son algunas técnicas que puede emplear para identificar en su mente quiénes son las personas influyentes clave.

La mirada

Usted está en una reunión discutiendo planes futuros o buscando resolver algún problema. Todos los presentes están compartiendo sus ideas como parte de una dinámica sesión de lluvia de ideas. Por fuera, parece ser una sala llena de pares. Sin embargo, con el tiempo, usted comienza a notar que cada vez que aparece una nueva idea, la gente la mira a Sharon. Si ella parece estar interesada en la idea, el grupo explora esa opción con más énfasis y energía. Si ella parece desinteresada, el grupo cambia de tema y pasa a la siguiente idea.

La mirada adquiere diversas formas.

La más obvia, por supuesto, es *la mirada fija.* Esto es cuando la gente en el grupo gira la cabeza, concentra su mirada en la persona influyente clave y espera su opinión antes de decir o hacer otra cosa. Menos obvio es el *chequeo.* Esto ocurre cuando la gente gira la cabeza para mirar a la persona más influyente en la sala, pero rápidamente aparta la mirada y reanuda lo que estaba haciendo hasta ese momento. Aún menos obvio es *el vistazo.* Esto ocurre cuando la cabeza se mueve apenas un poco, pero los ojos se mueven para ver lo que está haciendo la persona clave. La más sutil de todas es *el parpadeo.* La persona está "mirando con los oídos", escuchando para ver cómo responde la persona clave. Se cierran los ojos para aumentar la habilidad de escuchar, pero no por demasiado tiempo para evitar que sea demasiado obvio.

El avance

Las personas influyentes clave tienen la asombrosa habilidad de crear impulso. Cuando respaldan una idea o participan de un proyecto, las cosas comienzan a ocurrir.

Nunca me voy a olvidar del día en que Mel me convenció de su dedicación al adelanto de nuestra iglesia. Habíamos decidido que teníamos que renovar la guardería. Todo era seguro, pero el equipo era antiguo, los colores pasados de moda y no se satisfacían las exigencias de los padres modernos. Como parte del plan, íbamos a comprar cunas nuevas para reemplazar las anteriores que había fabricado Mel. Le encargamos a un carpintero profesional que las fabricara con colores modernos y un diseño innovador. Estábamos muy contentos de instalar el nuevo equipo, pero todos se preguntaban cómo reaccionaría Mel cuando quitaran sus cunas y las reemplazaran con las creadas por el talento de otra persona.

Ese sábado fatídico se reunieron los hombres. Tomaron café y bromearon un rato, pero uno se podía dar cuenta de que nadie quería ser el primero. Cada vez que discutían qué es lo que iban a hacer, la gente lo miraba a Mel para ver cuál era su reacción. Mel se dio cuenta de la vacilación de todos y podría haber elegido preservar su obra. En cambio, tomó un martillo, se dirigió a la guardería y comenzó a desmantelar las cunas que había instalado con tanto trabajo muchos años antes.

Eso lo cambió todo. Todos los hombres entraron en acción. Reinaba el alboroto, ya que la luz estaba ahora verde. Rápidamente completaron el trabajo porque nadie sintió la necesidad de preservar el bienestar de Mel. Al final del día, la guardería tenía un factor impactante que impresionó a los jóvenes padres y les dio confianza en nuestra capacidad de ministrar incluso a los miembros más pequeños de su familia.

Esta es la manera en que las personas influyentes clave dan su apoyo. Desaparece la incertidumbre, se aclaran los planes y los talentos de la gente entran en acción. Se desarrolla una sinergia que hace que los proyectos avancen mucho más rápido de lo anticipado al principio.

La espera

Una vez que la gente sabe quiénes son las personas influyentes clave, no entran en acción hasta saber que tienen la aprobación de ellas.

Estábamos en una reunión en Singapur, y la persona que había planeado la reunión estaba hablando con el jefe del equipo de mantenimiento. El organizador no estaba contento con la manera en que habían puesto las mesas y las sillas y estaba tratando de lograr que las cambiaran. Noté su frustración cuando ninguna de sus sugerencias parecía ser tomada en serio. Pam entró en la conversación para ofrecer una solución, pero el hombre de mantenimiento no estaba abierto a ninguna sugerencia. Aun cuando fuera educado, negaba con terquedad todos los pedidos. Comencé a tener la sensación de que ninguna persona influyente estaba en la sala, de modo que pedí a Dios sabiduría para saber cómo abordar a este hombre que obviamente se había tomado muy en serio su responsabilidad.

"¿Hay alguien a quien debemos llamar si deseamos realizar un cambio?," le pregunté lo más respetuosamente posible.

—Oh, sí —dijo—. Chen es el que negocia esos arreglos. Si él da su aprobación, no habrá ningún problema.

Inmediatamente, lo llamamos por teléfono a Chen, negociamos un arreglo aceptable e implementamos el nuevo plan. En este caso, la persona influyente clave no estaba físicamente en el lugar, pero su influencia estaba definitivamente allí. Sin su aprobación, todo tenía que esperar.

LAS COSAS QUE HAY QUE TENER EN CUENTA

Cuando tratamos de determinar quién es la gente más persuasiva en nuestra esfera de liderazgo, existen algunas cosas que debemos tener en cuenta.

Las personas influyentes clave no son necesariamente las más ruidosas en la habitación. Muchas personas son procesadores verbales. Tienen que hablar sobre sus ideas para tener más claridad y alcanzar decisiones. Al principio, parecen ser muy influyentes porque tienen una opinión sobre todo y la confianza de compartirla. Sólo el tiempo dirá si son francos porque son influyentes o si son solamente francos.

Las personas influyentes clave no tienen necesariamente el puesto más alto. El presidente de la junta, el director del comité y el coordinador del evento pueden ser o no los que hacen que las cosas se lleven realmente a cabo. Mucha gente está motivada por los títulos, premios y reconocimientos. Esa gente naturalmente se inclina hacia puestos que los ponen de relieve, pero eso no garantiza ninguna influencia.

Las personas influyentes clave no son necesariamente los que más hablan con nosotros. La influencia es un don de Dios que podemos aceptar con humildad y desarrollar con presteza, pero no es algo que puede ser fabricado. El identificar y aceptar nuestro lugar de influencia es, por lo tanto, un acto humilde de madurez. Como resultado, algunas de las personas que lideramos desean tener más influencia que la que Dios les ha otorgado. Rick era una de esas personas. Era un hombre fiel e inteligente que amaba la Palabra de Dios. Le gustaba reunirse conmigo para repasar los sermones y evaluar las decisiones que estaba tomando la iglesia. Sus opiniones eran bien pensadas e intelectualmente sensatas, pero la gente no seguía naturalmente su liderazgo. Sus sabios consejos eran muy valiosos aun cuando él no fuera uno de los individuos más influyentes de nuestra organización.

Las personas influyentes clave no tienen necesariamente una personalidad o presencia llamativa. Una de mis mayores sorpresas en esta área fue Natalie. Hablaba en voz baja y su postura era muy relajada. Nunca exigía que la escucharan o trataba de que sus ideas pasaran al frente. Nunca parecía estar apurada y siempre se detenía a escuchar a los que deseaban hablar con ella. Nunca se ofreció como voluntaria para puestos de liderazgo y no parecía tener ninguna necesidad de que reconocieran lo que ella estaba haciendo. Pero cada vez que teníamos un evento, ella traía la mayor cantidad de gente. A la gente le encantaba estar con ella y tenía un buen historial en cuanto a traer gente que pudiera ser influenciada por nuestro ministerio. ¡Podíamos planificar un buen evento sin Natalie pero no lo podíamos llenarlo sin ella!

CÓMO RECLUTAR A LAS PERSONAS INFLUYENTES CLAVE

Una vez que hemos identificado a las personas influyentes que hacen que ocurran las cosas, ¿cómo las reclutamos para que nos ayuden a alcanzar nuestros objetivos?

Busque cosas en común. Sus personas influyentes clave pueden ser sus buenos amigos o simplemente gente interesada en la misma organización o proyecto que usted. No necesita que sean amigos naturales, pero sí necesita encontrar la manera de relacionarse con esos individuos para poder desarrollar una confianza mutua. Una vez que descubra qué puntos tienen en común, planifique maneras de interactuar con respecto a esos asuntos. Si tiene una amistad fácil, eso será un simple proceso. Ambos se sentirán atraídos hacia las mismas actividades y maneras de reducir el estrés y van a crear recuerdos que ambos atesorarán.

Si todavía no es amigo de sus personas influyentes clave, encontrar intereses comunes puede ser un poco más difícil. Probablemente tengan opciones divergentes en lo que respecta al tiempo libre y los pasatiempos. Sin embargo, ustedes se preocupan por el mismo ministerio, la misma causa o la misma organización, de modo que comparten puntos de contacto en común. Podría ser una conferencia de capacitación, un equipo deportivo juvenil, un proyecto edilicio o un acto de servicio. A medida que desarrollen una relación, comenzarán a apreciar las inquietudes que comparten y se presentarán oportunidades de avanzar juntos.

Un número de pastores servían en la misma congregación durante el tiempo que Mel estuvo allí, y todos se dieron cuenta de lo mismo: si conseguían que Mel estuviera de acuerdo con lo que ellos deseaban hacer, la mayor parte de la gente en la iglesia también estaría de acuerdo y participaría con entusiasmo. Sin embargo, Mel tenía una desafortunada costumbre que hacía que fuera difícil reconocer su influencia. Su personalidad y experiencia de vida hacían que trabajara yendo de lo negativo a lo positivo. Cada vez que escuchaba un idea nueva, comenzaba por buscar todas las razones por las que no funcionaría. Señalaba los obstáculos, los problemas para el presupuesto, la gente que se opondría al plan y las diversas razones por las que no era una buena idea. Este era un verdadero problema para mí porque yo prospero cuando me concentro en lo positivo. Me gusta pensar que lo puedo lograr y sólo abandono toda esperanza cuando compruebo que algo no es una buena idea.

Además, Mel se crió en una granja. Yo me crié en la ciudad. Mel tenía un diploma del colegio secundario y yo tenía un diploma de posgrado. Mel me doblaba la edad cuando me convertí en el pastor de la iglesia que él ayudo a comenzar. A un nivel superficial, teníamos poco en común, pero descubrimos que ambos pensábamos que la familia es vital, que el evangelio de Cristo es el mensaje más importante sobre la tierra y que el trabajo arduo es una virtud. Descubrí que podíamos forjar recuerdos juntos reuniéndonos en la mesa de su cocina, compartiendo un pastel de manzana horneado por su esposa. Encontramos solidaridad orando a Dios que otros descubrieran la verdad sobre nuestro Salvador y desarrollamos camaradería mediante proyectos de mejoramiento del edificio de nuestra iglesia. Con el tiempo, empezamos a valorar mucho nuestra amistad, lo cual hizo que cada año que pasaba nos resultara más fácil tomar juntos una decisión.

Vaya primero a ellos. Las personas influyentes clave en su situación necesitan saber que usted las respeta y reconoce su valor. Esos individuos están dedicados a su empresa y sienten un profundo sentido de responsabilidad por el futuro del grupo o proyecto. Algunos de ellos manejan su responsabilidad con entusiasmo y buena actitud. Otros pueden ser irritables o gruñones cuando reciben órdenes. De una manera u otra, ellos son su mayor recurso. Antes de ir al grupo con una idea nueva, una estrategia nueva o cualquier clase de reorganización, consiga el apoyo de estas personas. Tal vez piense que no vale la pena, pero no es bueno sorprenderlas con una idea nueva en una reunión pública.

Pídales que evalúen sus ideas. Sus personas influyentes clave son las que van a convencer a los demás de que su idea es buena. Si tienen la oportunidad de evaluar la idea con anticipación y decirle a usted lo que piensan, y usted incorpora sus sugerencias para mejorar las cosas, ellas se mostrarán positivas, entusiastas y persuasivas. La implementación de la idea será simple y exitosa. Si estos individuos comienzan a evaluar la idea en una reunión pública, puede ir bien, pero llevará sin duda más tiempo. Esta gente hará preguntas inquisitivas. Si les gusta lo que usted responde, pasarán a una postura de apoyo. Si no le gustan sus respuestas, van a vacilar, hacer más preguntas y pueden incluso retirar su apoyo, lo cual significa el final de su empresa.

No tardé mucho en darme cuenta de que todos deseaban saber lo qué opinaba Mel antes de tomar una decisión. También comencé a darme cuenta de que Mel, cuando estaba convencido de que la idea era buena, era uno de los que más respaldaba el cambio. El punto era claro. Si Mel no estaba a bordo, el barco no navegaba. Si Mel apoyaba una idea, rápidamente tomaba impulso.

Desarrollé la costumbre de hablar primero con Mel si sentía la necesidad de realizar un cambio. Me reunía con él y le exponía mi idea. Suponía que de inmediato él comenzaría a encontrarle problemas a la idea, pero nunca me decepcionó. Podía instintivamente identificar los problemas financieros así como la gente que podría verse afectada negativamente. Normalmente tardaba dos semanas en examinar todos los obstáculos potenciales, encontrar las soluciones y convencerse de que se podía llevar a cabo. Una vez que lo hacía, era la persona más dedicada, más comprensiva y más persuasiva del equipo. Dado que poseía una gran influencia natural, su decisión de dedicarse de lleno se multiplicaba en una inversión sin obstáculos por parte de los demás.

Aborde sus inquietudes. Los individuos influyentes clave son accionistas con un interés personal en el resultado de todo lo que ocurre en su organización. No son neutrales ni objetivos en sus evaluaciones. Se preocupan profundamente y los emocionan las decisiones en las que están involucrados. Si tienen inquietudes, son intensos y vitales. No podemos estar siempre de acuerdo con ellos y de tanto en tanto tendrán una perspectiva equivocada. Pero si nos tomamos el tiempo de entender y abordar sus inquietudes, probablemente ellos nos van a respaldar cuando llegue el momento de la implementación. Si usted no le presta atención a sus inquietudes, harán que la conversación sea pública y sus oportunidades de éxito van a disminuir.

Pídales sinceramente que le ayuden a solucionar problemas. Los líderes resuelven problemas. Los grupos necesitan líderes porque son una colección de personas imperfectas y surgen problemas. Algunos de esos asuntos son simples, y usted sabrá exactamente qué hacer para resolverlos. No tendrá que pensar ni deliberar mucho en ellos. Otros asuntos pueden ser desconcertantes y van a requerir investigación y colaboración. Estas son magníficas oportunidades para solicitar la ayuda de esas importantes personas influyentes en su vida. Si ellas son instrumentales para encontrar una solución al problema que lo aqueja, respaldarán incansablemente su implementación. Puede llevar más tiempo al principio suscitar su interés, dejar que hagan su investigación, pacientemente escuchar sus ideas y considerar planes alternos, pero la inversión valdrá la pena a medida que se acelere el avance del plan.

Mel y yo estábamos fácilmente de acuerdo en asuntos de teología, instalaciones y gobierno de la iglesia. Uno de los asuntos más sensibles que tuvimos que resolver fue la música. Habíamos logrado crear una iglesia con personas de todas las edades, y era maravilloso tener la energía de los jóvenes integrada con la sabiduría de la experiencia de vida. Pero todo cambiaba cuando se trataba de los estilos de alabanza. Mel tenía temor de que las personas mayores de la congregación se sentirían ofendidas y dejarían la iglesia. No deseaba ser terco al respecto porque sus convicciones le decían que tenía que respetar lo que decía el pastor y confiar en que Dios llegaría a todas las generaciones. Sin embargo, el miedo surgía periódicamente, ocasionando interacciones muy incómodas. Por miedo, Mel decía cosas tales como:

"Esta música es inmadura e irritante."

"Les tenemos que enseñar a los jóvenes la verdadera música."

"Solíamos tener músicos en la iglesia. Ahora sólo tenemos novatos que golpean sus tambores y rascan la guitarra."

"Las canciones en la iglesia solían enseñar la verdad. Ahora sólo repetimos lo mismo una y otra vez."

El discutir con Mel no cambiaba las cosas, de modo que le pedí que se reuniera conmigo durante algunas semanas para encontrar una solución. Él me pedía que volviéramos a la música tradicional para no perder gente. Yo le preguntaba: "¿Qué deseas que le diga a la gente en nuestra iglesia que me pide más música contemporánea en nuestros servicios."

Mel me decía: "Tenemos que enseñarle a la gente a vestirse más para venir a la iglesia. Tienen que mostrarle más respeto a Dios." Yo le preguntaba: "¿Cómo abordamos a la gente que me dice que no va a venir a la iglesia si se tienen que vestir demasiado? Les resulta más fácil relacionarse con Dios cuando están más relajados."

Mel se quejaba: "Demasiadas personas permanecen de pie durante todas las canciones y son demasiado emocionales. No necesitan levantar las manos en cada canción." Yo le preguntaba entonces: "¿Qué le digo a la gente que encuentra una mayor satisfacción cuando pueden adorar a nuestro Dios emocionalmente."

En cada ocasión, Mel examinó los problemas conmigo y llegamos a soluciones que nos permitían mantener la mezcla de edades. Teníamos servicios que eran muy contemporáneos. Teníamos otros servicios que eran más tradicionales. Creamos momentos en que los individuos de más edad podían compartir sus historias con los más jóvenes. Pusimos más énfasis en los grupos pequeños donde la gente podía establecer verdaderas relaciones porque llegamos a la conclusión de que era menos probable que discutieran si sentían afecto los unos por los otros. Cuando lo invité a Mel al proceso de resolver problemas, fue más simpático conmigo y se acrecentó el respeto que yo sentía por él. ¡Y logramos hacer muchas más cosas!

¿Quiénes son las personas influyentes clave en la empresa que ha escogido?

____

____

____

____

____

Elija una de la lista y aplique las siguientes preguntas:

1. ¿Qué puedo hacer para crear afinidad con esta persona?
2. ¿Qué problemas está usted enfrentando que puede presentarle a esta persona para que lo ayude?
3. ¿Cuándo puede usted reunirse con esta persona para conversar sobre un decisión venidera?

2 Crónicas 10 presenta la frustrante historia de un rey que se negó a escuchar a su persona influyente clave. El rey Roboán era hijo de Salomón y el heredero al trono. Había tenido la excelente oportunidad de unificar su nación y crear un ambiente de buena voluntad que habría garantizado su éxito.

Cuando se anunció la noticia de que Roboán estaba por ser coronado, Jeroboán fue a visitarlo. Jeroboán era un hombre prominente que entendía los tiempos en que vivían. "Jeroboán se había ganado el respeto de todos, de modo que cuando Salomón vio su buen desempeño lo puso a supervisar todo el trabajo forzado que se realizaba entre los descendientes de José" (1 Reyes 11.28). Entendía el trabajo forzado, la historia de cómo habían sido tratados y la estrategia que le ganaría la alianza con Roboán. Salomón había hecho trabajar demasiado y le había cobrado demasiados impuestos a la gente, pero era un nuevo día con un nuevo rey. Como acto de bondad, Jeroboán propuso: "Alívienos usted ahora el duro trabajo y el pesado yugo que él nos echó encima; así serviremos a Su Majestad" (12:4). Él tenía la habilidad de persuadir a una gran segmento de la nación a que le diera su alianza al nuevo rey.

En vez de confiar en la influencia de Jeroboán, Roboán decidió consultar a sus consejeros antes de responder. El rey recibió dos propuestas muy diferentes. Los ancianos confirmaron la sabiduría de Jeroboán: "Si Su Majestad se pone hoy al servicio de este pueblo y condesciende con ellos y les responde con amabilidad, ellos le servirán para siempre" (12:7). Los hombres jóvenes que se habían criado con Roboán le dijeron: "Respóndales de este modo: Mi dedo meñique es más grueso que la cintura de mi padre. Si él les impuso un yugo pesado, ¡yo les aumentaré la carga! Y si él los castigaba a ustedes con una vara, ¡yo lo haré con un látigo!" (12:10-11).

Algo en el corazón de Roboán lo hizo seguir el consejo de los hombres más jóvenes e ignorar a las personas influyentes clave. El resultado fue una gran división en la nación de modo que hubo "constantes guerras entre Jeroboán y él" (2 Crónicas 12:15).

Como líder, Dios traerá con fidelidad personas influyentes clave para ayudarlo a hacer avanzar su causa. Usted encontrará gente con planes egoístas y sin ninguna visión de futuro. Los resultados serán mucho mejor si logra identificar y escuchar a las personas influyentes clave.

9

DECIDA BUSCAR APOYO ANTES DE ARRIESGAR

Un cardiocirujano llevó su automóvil al taller local para que le hicieran el servicio regular y donde siempre intercambiaba bromas con el dueño, un talentoso mecánico no demasiado adinerado.

—Así que dime —dice el mecánico—, me he estado preguntando sobre lo que ambos hacemos para ganarnos la vida y cuánto más dinero ganas tú.

—¿Sí? —dijo el cirujano.

—Bueno, mira esto —dijo el mecánico, mientras trabajaba en un enorme motor muy complicado—, yo reviso cómo funciona, lo abro, le arreglo las válvulas y lo vuelvo a armar para que funcione como nuevo. ¿Acaso no hacemos ambos el mismo trabajo? ¿Y sin embargo a ti te

pagan diez veces más? ¿Cómo lo explicas?
El cirujano pensó por un momento y luego, sonriendo con afabilidad, le contestó: "Prueba hacerlo con el motor andando."[20]

El riesgo es real

El riesgo es una parte inherente de la vida del líder. La razón misma por la que la gente busca a los líderes es porque la vida es una empresa riesgosa. Miran las necesidades financieras y sienten la posibilidad de que ocurra una catástrofe. Están conscientes de los conflictos en las relaciones y tienen miedo de buscar excelencia por temor a ser ridiculizados o rechazados. Están conscientes de cuánto trabajo hay que dedicarles a las empresas que valen la pena y se sienten intimidados en vez de motivados.

Los líderes no ayudan a nadie siendo imprudentes, pero los riesgos estratégicos tomados en momentos estratégicos pueden convertirse en el mejor momento de su vida. Cuando era joven, este era un concepto desconocido para mí. Mi padre había sido un hombre muy cauteloso. Admirablemente, él trabajó como ingeniero en la misma compañía durante treinta y cinco años. Vivió en la misma casa, llevó a cabo la misma rutina, permaneció casado con la misma mujer y siempre pesó lo mismo. Ayudó a poner hombres en la luna mientras que nunca se arriesgó en su vida personal.

Mi madre era probablemente una persona arriesgada por naturaleza, pero debido a una serie de acontecimientos abusivos en su niñez, le tenía miedo a la gente y a las situaciones que no podía controlar. Se esforzó por aislarnos de los demás, nos enseñó que no se podía confiar en la gente y trató de controlar todo lo humanamente posible nuestra vida. En consecuencia, ella no tenía buenos instintos para tomar un riesgo. Corría los riesgos que no tenían mucho sentido mientras que evitaba aquellos que habrían sido estratégicos e influyentes.

Como resultado, mi trayecto hacia el liderazgo comenzó con la necesidad de aprender cómo arriesgarme. Los líderes evalúan los riesgos y encabezan el ataque para enfrentar aquellos que tienen sentido. Si un líder asume los riesgos que son demasiado pequeños, la gente que los rodea pierde su inspiración. Si los riesgos son demasiado grandes, la gente se siente derrotada. ¿Cómo puede descubrir un líder qué riesgos vale la pena tomar y cuáles evitar?

USE UN OBJETIVO A LARGO PLAZO

Los líderes miran hacia un punto más lejano en el futuro que sus seguidores. Los seguidores se preguntan: "¿De qué me sirve esto ahora?" Los líderes se preguntan: "¿Cómo va a impactar esto nuestra vida en diez, veinte o treinta años más?" No siempre podemos predecir exactamente cuál será el resultado de nuestras decisiones, pero los líderes buscan la manera de hacer predicciones de manera razonable. Estudiamos las tendencias. Estudiamos la historia. Prestamos atención a las experiencias de vida para poder predecir con confianza cómo van a mejorar nuestras decisiones nuestra vida y la vida de la gente que amamos.

La viuda de Sarepta ya no aguantaba más. Ella misma lo admitió cuando le dijo al profeta Elías: 'Precisamente estaba recogiendo unos leños para llevármelos a casa y hacer una comida para mi hijo y para mí. ¡Será nuestra última comida antes de morirnos de hambre!" (1 Reyes 17:12). Lo increíble es que Elías le pidió que se ocupara primero de él. "No temas. Vuelve a casa y haz lo que pensabas hacer. Pero antes prepárame un panecillo con lo que tienes, y tráemelo; luego haz algo para ti y para tu hijo" (17:13). Ella apenas tenía suficiente para alimentarse ella y su hijo, ¡pero el profeta le pidió que se ocupara primero de él! Y la razón que le dio para motivarla a correr ese riesgo fue: "Porque así dice el Señor, Dios de Israel: 'No se agotará la harina de la tinaja ni se acabará el aceite del jarro, hasta el día en que el Señor haga llover sobre la tierra'" (17:14). Ella había perdido ya todas sus esperanzas y estaba planeando su última comida, pero en base a la promesa de Dios de cuidarla por mucho tiempo, ella se arriesgó, aun cuando tiene que haberse preguntado si esto podía ser verdaderamente así. Fácilmente podría haberse entregado a las intensas exigencias de su condición presente, pero el objetivo a largo plazo de las promesas de Dios la incitó a tomar el riego por fe.

Mirando atrás, veo que Dios me llevó fielmente por los pasos de capacitación que yo necesitaba. Comencé por casarme a los veintidós años. No tenía para mí mucho sentido en ese momento. No tenía un empleo a tiempo completo y sólo tenía dos pantalones (y uno de ellos tenía un agujero en la rodilla). Traté de convencer a Dios de que casarme no era una buena idea. Cuanto más trataba que Dios estuviera de mi lado, tanto más infeliz me sentía. De modo que decidí arriesgarme. Conocía a Pam y sabía que todo iría bien a largo plazo ya que ambos valorábamos la lealtad y poseíamos un deseo intenso por el ministerio. De lo que yo no estaba seguro era de cómo nos iría a corto plazo. Ahora puedo decir que fue uno de los movimientos más estratégicos de mi vida. Dios sabía que Pam y yo necesitábamos crecer juntos para satisfacer el plan que él tenía para nosotros y la mejor manera de hacerlo era casándonos jóvenes y trabajando juntos para mejorar.

Cuando tenía casi treinta años me convertí en el pastor principal de una iglesia. No tenía experiencia, era idealista y mi intención era tener éxito. Sabía que el éxito a largo plazo dependía de atraer un sólido contingente de hombres, de modo que comencé a preguntarles a los otros pastores qué era necesario para reclutar hombres y mantenerlos involucrados. Uno de los temas recurrentes era "los hombres van a las iglesias que están construyendo algo. Si desea mantener a los hombres involucrados en su iglesia, asegúrese de tener siempre algún proyecto de construcción en marcha."

Nuestro presupuesto no era demasiado abultado, de modo que la idea de agregar cualquier clase de proyecto de construcción a nuestras responsabilidades financieras podría fácilmente meterme en problemas. Honestamente creía, sin embargo, que si a los hombres les gustaba lo que estaban haciendo, ellos encontrarían la manera de mantenernos a flote financieramente. De modo que le propuse al comité que agregaran a nuestro presupuesto algún proyecto y estratégicamente elegí algún proyecto todos los años para recaudar dinero. Remodelamos el escenario, remodelamos la entrada y los pasillos, construimos un lugar de juegos para los niños, le agregamos paredes al techo de un patio grande para crear una nueva aula de clases, creamos un escenario al aire libre, y demás. Era mucho trabajo, pero nunca tuvimos un año en el que no pudiéramos pagar las cuentas y nuestra congregación creció en un 20 por ciento cada año en el que emprendimos un proyecto que requería el talento que poseían los hombres de nuestra comunidad.

SIEMBRE LO QUE PIENSA QUE PUEDE COSECHAR

Los líderes creen en la cosecha. Las semillas son pequeñas, secas y a menudo arrugadas y no parecen contener un gran potencial. Pero cuando preparamos el suelo y sembramos correctamente las semillas, las regamos y las fertilizamos, se produce una cosecha que es muchísimo mayor que la semilla en sí. Los líderes aprenden a reconocer las semillas y desarrollan el talento que les permite sembrar, regar y fertilizar las semillas hasta que producen una cosecha que beneficia a todos los involucrados. Todos los individuos y las organizaciones tienen diversos talentos. Algunos de esos talentos producen resultados asombrosos mientras que otros producen un efecto pequeño o limitado. Cuando pensamos en tomar un riesgo, deseamos escoger las semillas que den una buena cosecha.

James Dyson, inventor de las aspiradoras Dyson, se dedicó de lleno a su tarea porque estaba convencido de que su diseño tendría algún día mucho éxito.

> Me pasé cinco o seis años desarrollando una clase de aspiradora completamente diferente. Construí más de 5,000 prototipos para lograr que funcionara el sistema. Cada año aumentaba mi deuda más y más. Al final, debía algo así como $ 4 millones. Hipotequé mi casa dos o tres veces. Si fracasaba, todo lo que tenía pasaría a ser propiedad del banco. Todos pensaban que yo estaba absolutamente loco. Pero, una vez que

> comencé a vender el producto, pude devolverle el préstamo al banco en cuatro o cinco meses. El banco me siguió usando como parte de una publicidad como ejemplo de cómo ellos prestaban dinero.[21]

A un nivel personal, Pam y yo enfrentábamos esa clase de decisiones al principio de nuestra carrera. Teníamos tres hijos, yo estaba dedicado de lleno a mi tarea de pastor y todos los meses teníamos problemas para pagar las cuentas. Ambos nos pusimos de acuerdo en que Pam tendría que hacer algo para ganar dinero. Nos pasamos semanas orando y buscando la oportunidad correcta. Nos dimos cuenta de que Pam podía conseguir un empleo a tiempo completo y hacerlo bien ya que tenía una sólida ética de trabajo. Sin embargo, nos cautivaba la pasión que tenía Pam por escribir. Ella había escrito su primer libro cuando tenía ocho años y, aunque nunca lo había publicado, era el producto de la pasión en su corazón. Sabía que le llevaría tiempo desarrollarse como autora profesional y que probablemente tendríamos que sacrificarnos un poco al principio, pero honestamente creía que escribir tenía para Pam mucho más potencial que cualquier otra carrera. El motivarla a hacerlo no sería difícil. Convencerla de que pusiera todo su esfuerzo en esa tarea sería menos difícil aún. El mercado potencial para su trabajo era mayor que cualquier otra opción.

Ese año tomamos el compromiso de lanzar a Pam como escritora profesional. No creo que hayamos ganado realmente nada ese primer año. Pam pudo conseguir un par de proyectos pequeños y escribió algunos artículos para el periódico local, pero los gastos eran iguales a nuestros ingresos. Como resultado, el primer año fue difícil financieramente, pero estábamos convencidos de que estábamos sembrando para obtener una cosecha. El segundo año fue un poco mejor, pero aún no era lo mismo que habría ganado Pam si se hubiera empleado a tiempo completo. El tercer año comenzamos a ver la cosecha. Ahora, veinte años más tarde, es obvio que fue el paso correcto. Pam se dedica a dar charlas a grupos de mujeres y a escribir libros, y los dos hacemos presentaciones como pareja en conferencias de matrimonios y crianza de hijos. Si nos hubiéramos limitado a sólo pagar las cuentas ese primer año, habríamos perdido la cosecha que ambos sabíamos que estaba a nuestro alcance.

El mismo principio se aplica a un nivel empresarial, ya que las organizaciones son conjuntos de personas. Las organizaciones poseen talentos que funcionan juntos para tener algún tipo de impacto en el mundo. Ciertas actividades tienen poco o limitado impacto. Podemos dedicarles toda nuestra energía y recursos a esas actividades sin beneficio alguno. Otras actividades tienen efectos extraordinarios. Vemos resultados que tienen una cualidad sinérgica, lo cual significa que los resultados son mayores que el tiempo y los recursos que hemos invertido.

Por ejemplo, he notado que cuando Pam y yo damos una charla juntos en una conferencia, los resultados van más allá del esfuerzo que le hemos dedicado. Es común que alguna pareja bien intencionada nos diga el primer día: "Esta es nuestra última oportunidad. Ya hemos llenado los papeles de divorcio. Si este fin de semana no funciona, el lunes presentamos los papeles." Y es igualmente común que esa misma pareja nos diga el último día de la conferencia: "No estamos seguros de qué es lo que sucedió, pero parece que hemos encontrado nuevas esperanzas. Tenemos ahora el deseo de perdonarnos el uno al otro y nos vamos a casa con la intención de seguir trabajando en nuestra relación. Creemos que vamos a lograr que funcione." Un año o más después, hablamos con estas parejas y la inmensa mayoría sigue unida y bien.

No es lo mismo cuando hacemos las cosas solos. El favor de Dios participa de este segmento de nuestra vida profesional y crea mayores resultados que lo que garantizan nuestros talentos individuales. Cada vez que damos charlas juntos, esperamos esta clase de cosecha. Por lo tanto, tiene sentido buscar oportunidades para dar estas charlas y por consiguiente nos arriesgamos a mantener nuestro calendario repleto de viajes.

Por otra parte, hemos también notado que, años más tarde, la gente aún cita principios que les hemos enseñado. A menudo tenemos la oportunidad de enseñar una conferencia adicional dos o tres años después de la conferencia inicial, de modo que recibimos información directamente del grupo de oyentes. No es inusual escuchar: "Todavía le digo a mi esposo: '¿Puedes trasladarte del casillero en el que estás a otro?' o 'Necesito darle algunas vueltas a este asunto, ¿tienes tiempo para escucharme?'" Tampoco es inusual escuchar: "Todavía no la entiendo del todo a mi esposa, pero sí veo que nuestra relación mejora cuando me tomo el tiempo de escucharla. Estoy también muy feliz porque gracias a haber concurrido a su conferencia, ella acepta ahora mi necesidad de no pensar en nada. Realmente, eso lo cambió todo."[22]

Le repito, no creo que estos resultados se basen únicamente en nuestro talento. Yo he estado predicando y enseñando toda mi vida y he enseñado infinidad de magníficos principios que nadie recuerda. No es que esos principios son menos profundos o valiosos. Es simplemente que esos principios no están donde está la cosecha en nuestro ministerio. Es uno de los aspectos más humildes de nuestra vida profesional. Podemos establecer objetivos, trabajar con esfuerzo, evaluar el progreso y hacer ajustes para alcanzar el éxito. Sin embargo, no podemos determinar con qué talentos habremos de nacer o qué actividades serán altamente eficaces. Si deseamos tomar riesgos inteligentes, tenemos que responder allí donde veamos la cosecha.

INCLÍNESE HACIA SUS FORTALEZAS

Los líderes activan sus fortalezas. Los líderes eficaces reconocen que sus debilidades son ineficientes y consumen tiempo. Sin embargo, sus fortalezas son eficaces, eficientes y flexibles permitiéndoles adaptarse al paisaje versátil de su vida. Por tanto, los líderes pasan tiempo evaluando sus fortalezas y las fortalezas de aquellos de quienes dependen. Aprovechan las oportunidades que sacan ventaja de esas fortalezas y evitan las circunstancias que dependen de sus debilidades.

Con el tiempo, desarrollamos una trayectoria de confiabilidad y sabiduría. Con cada decisión y empresa de liderazgo, otros perciben nuestros talentos y qué ocurre cuando lideramos. Descubren qué actividades de liderazgo hacemos correctamente y aprenden a confiar en nosotros en esas áreas. Como resultado, hay momentos estratégicos en los que tenemos que elegir entre competir y otras empresas igualmente valiosas. Cuando se presentan estos momentos, tenemos que hacer algunas preguntas clave que sólo nosotros podemos responder.

- ¿Cuál es mi contribución singular al mundo? ¿Qué puedo hacer a un alto nivel que es raro comparado con el talento de los demás?
- ¿A cuál de las opciones que tengo por delante puedo dedicarle toda mi atención durante el período de tiempo más prolongado?
- Cuando miro mi vida, ¿cuál de estas opciones estaré feliz de haberle dicho que sí?
- ¿Hay algunas de estas opciones que sólo yo puedo realizar?

Yo me enfrenté a esta decisión en el año 2008. Estaba trabajando en un puesto muy satisfactorio en una iglesia importante. También daba charlas periódicamente con Pam en conferencias y estábamos escribiendo juntos libros sobre relaciones. Supuse que los dos estaríamos estables por un largo tiempo, incluso por el resto de nuestra vida productiva.

Luego se acrecentaron ambas oportunidades. El área en la que estaba a cargo en la iglesia se estaba ampliando y las invitaciones para que diéramos charlas estaban aumentando rápidamente. Se me ocurrió que podría adquirir la reputación de rechazar invitaciones si constantemente me negaba. También me di cuenta de que el ministerio en la iglesia perdería impulso si yo, o alguna otra persona, no invertía más energía en la transición a la nueva etapa del ministerio.

Rápidamente se me hizo imposible hacer ambas cosas. Estaba entusiasmado y decepcionado a la misma vez. Era un privilegio tener dos oportunidades frente a mí que serían personalmente satisfactorias y llenas de influencia. Me encantaba la gente con la que trabajaba en ambas áreas. Las dos posibilidades estaban cargadas de potencial y las dos estaban dentro de mi área de capacidad. Había llegado el momento de elegir.

La primera pregunta que me hice fue: "¿Cuál es mi contribución singular al mundo?" Me encantaba trabajar como pastor, pero no me parecía algo excepcional, ya que mucha gente podía hacer lo que yo estaba haciendo. Sin embargo, el dar charlas con Pam es algo único. Soy el único esposo que tiene. Soy el único que puede ser el "Bill" de Bill y Pam Farrel. Lo que Pam y yo podemos hacer sobre el escenario es algo que nos resulta natural, y aunque me parezca que muchos podrían hacer lo que hacemos, nuestro ministerio específico parece ser algo bastante inusual.

A menudo la gente nos dice: "No muchas parejas dan charlas juntas." "La manera en que ustedes dos se complementan cuando hablan es bastante asombroso." "Espero que estén planeando continuar haciendo esto porque todos lo necesitamos." Además, me fascina ver lo que ocurre durante las conferencias y retiros. Las comunidades locales hacen muchos preparativos mientras que durante las conferencias y retiros hay una gran cosecha. Estoy presente en muchas de las decisiones para la gente ahora, lo cual es muy apasionante y satisfactorio.

Cuando consideré la otra pregunta, tuve algunas reacciones interesantes. "¿A cuál de las opciones que tengo por delante puedo dedicarle toda mi atención durante el período de tiempo más prolongado?" Podía dedicarle toda mi atención a cualquiera de las dos opciones, y podía haber dedicado toda mi atención a llevar a cabo ambas actividades de una manera equilibrada. Por lo tanto, esta pregunta no hacía ninguna diferencia.

La pregunta: "Cuando miro mi vida, ¿cuál de estas opciones estaré feliz de haberle dicho que sí?" Les pregunté a varios de mis amigos pastores: "¿Podrías dar regularmente charlas en público con tu esposa?" Casi todos ellos me respondieron: "Definitivamente no." Eso me convenció aún más que nuestro ministerio era nuestra habilidad singular. Cuando tuve esto en cuenta, el pensamiento de que no extenderíamos al máximo nuestro ministerio como pareja me resultó inaceptable.

CONFÍE EN LAS INCITACIONES PERSISTENTES

Cuanto más lideramos, tanto más fuertes se vuelven nuestros instintos. Con el tiempo la experiencia nos enseña lo qué va a funcionar y lo qué sólo creará conflictos o desilusiones. Todos tenemos la tendencia de imaginarnos grandes cosas que no resultan. Las consideramos, las compartimos con los demás y luego perdemos interés. Les tendríamos que dar la bienvenida a estas ideas porque aumentan nuestra creatividad, pero no tendríamos que seguirlas.

Sin embargo, otras ideas persisten. Cuanto más pensamos en ellas y las discutimos con los demás, tanto más crece el impulso en nuestro corazón. Cuando la emoción en el corazón de los líderes permanece constante por un considerable período de tiempo, ellos actúan. Es parte de vivir Filipenses 2:12-13: "Así que, mis queridos hermanos, como han obedecido siempre —no sólo en mi presencia sino mucho más ahora en mi ausencia— lleven a cabo su salvación con temor y temblor, pues Dios es quien produce en ustedes tanto el querer como el hacer para que se cumpla *su* buena voluntad."

En 1999, James Wood dejó su alto puesto en Microsoft durante el punto más alto del auge de la tecnología para comenzar *Room to Read*, una organización de beneficencia centrada en construir escuelas y bibliotecas en países en vías de desarrollo.

> Durante mis viajes, conocí a tantos niños en las partes más empobrecidas del mundo que no tenían acceso a escuelas, libros y bibliotecas que comencé a vender pequeñas cantidades de acciones para ayudarlos. Doscientas acciones de Microsoft eran suficientes para construir toda una escuela en la zona rural del Nepal. A la larga, dejé mi empleo corporativo para seguir mi pasión y literalmente llevar libros sobre el lomo de un yak a los pueblos rurales del Himalaya. Ocho años después, *Room to Read* ha establecido cerca de 4,000 bibliotecas escolares y ha colocado 3 millones de libros en las manos de ávidos jóvenes lectores.[23]

La congregación de nuestra iglesia en crecimiento tenía mucha energía y estaba dispuesta a considerar diversas maneras de ayudar a la gente en nuestra comunidad. Era un grupo de individuos innovadores y talentosos que todos los años presentaban obras de teatro escolares y dramas navideños. Sin embargo, estaban atascados en un edificio inadecuado. La propiedad de la iglesia estaba ubicada en una zona de inundaciones y las regulaciones actuales les prohibían agregar los metros cuadrados que desesperadamente necesitaban. El auditorio se llenaba dos veces los domingos y el edificio no daba abasto con el ministerio activo y la escuela en crecimiento. Con el deseo de ayudar a las familias, la iglesia operaba una escuela que comprendía desde el preescolar hasta el octavo grado, lo cual mantenía ocupado el edificio de lunes a viernes. Se necesitaba el espacio del auditorio para las aulas de clase, de modo que todos los viernes tenían que reacomodar todo para la iglesia y todos los domingos volver a reacomodarlo para la escuela.

Al principio, la variedad de ministerios y la cantidad de gente que influenciaba era divertido y apasionante. Sin embargo, después de un tiempo, la tensión del edificio puso tensa a la gente. Los miembros de la junta se dieron cuenta de que debían hacer algo, de modo que eso se convirtió en el tema de muchas reuniones de planeamiento. Varios miembros de la junta representaban los sentimientos de los diferentes segmentos de la congregación:

"No podemos seguir poniendo esta clase de presión al edificio. Lo vamos a gastar y va a terminar en un desastre."

"No tenemos el presupuesto para adquirir un nuevo edificio. Si gastamos esa clase de dinero, mucha gente se va a ir."

"Podemos vender la propiedad. Está en un magnífico lugar y nos tendrían que pagar un buen precio por ella."

"Estamos en una zona de inundaciones. No va a ser posible vender la propiedad por lo que vale o por lo que necesitamos."

"La gente ama este edificio y la propiedad. Sé que es todo un desafío, pero la gente va a lograr que esto funcione."

Durante semanas, debatimos sobre cuál sería la mejor manera de resolver nuestros problemas con el edificio. Como pastor principal, sabía que una de las opiniones saldría victoriosa. Los otros miembros de la junta estaban apegados a las diversas partes de la congregación y tenían diferentes prioridades, de modo que era fácil darnos cuenta de que no obtendríamos fácilmente un consenso.

Pasé mucho tiempo orando por esta decisión. Sabía que si nos mudábamos a otro lugar, mucha gente estaría molesta. Habían invertido en este edificio y amaban venir aquí a la iglesia. Para muchos era como un segundo hogar, de modo que yo sabía que los entristecería mudarse. También sabía que mucha gente habría amado la idea de mudarnos ya que aumentaba nuestro potencial de influencia y mayor innovación. No había ninguna manera correcta de medir las consecuencias de una mudanza o los límites impuestos si nos quedábamos. Al final, esto se convirtió en una decisión a conciencia basada en una evaluación de los riesgos. Cada vez que yo consideraba mudarnos, tenía una fuerte impresión en mi corazón de que Dios mostraba ese camino.

—Creo que ha llegado el momento de mudarnos —dije en la siguiente reunión—. No creo que estamos en condiciones de poder comprar un edificio, pero sé que el auditorio de la escuela primaria cercana está en alquiler. Es el doble de lo que tenemos aquí, y podemos tener acceso a suficientes aulas de clase como para operar el ministerio a los niños. Pienso que tendríamos que hacer un contrato de alquiler y reunir los recursos como para operar una iglesia móvil para poder seguir creciendo.

Las respuestas fueron las esperadas.

—Pienso que es una excelente idea, hagámoslo.

—¿Deseas ser una iglesia móvil? La gente no lo va a hacer.

—No creo que la gente dé dinero para eso.

—A la gente le va a encantar. Les resultará apasionante, desafiante y muy divertido.

Después de darle a todos la oportunidad de ventilar sus pensamientos, le dije a la junta: "Me parece que esta conversación es interminable. A la larga, vamos a tener que adoptar la opinión de alguien. Ya que ustedes me han nombrado pastor de la iglesia, pienso que tendría que ser la mía. Alquilemos el auditorio y desafiemos a la iglesia para alcanzar a la comunidad."

Ahora, por naturaleza soy un colaborador. Me gusta el ambiente en donde todos se ponen de acuerdo sobre los objetivos y se definen claramente las áreas de responsabilidad. También prefiero las decisiones basadas en un sólido consenso. Creo que la gente se esfuerza más y se concentra mejor cuando forman parte del proceso decisivo. Sin embargo, me daba cuenta de que no podríamos obtener un consenso mediante una conversación normal. Toda la gente reunida tenía opiniones basadas en necesidades y reacciones personales. Las razones para quedarse o mudarse eran sólidas, y nuestra interacción no hizo nada para ayudarlos a cambiar de opinión.

Finalmente, me di cuenta de que alguien tendría que tener un rol de liderazgo más decisivo o no pasaría nada. Estaríamos en un punto muerto, una situación sin crecimiento que nos haría sentir seguros pero que, a la larga, perjudicaría a la congregación. Yo pasé años desarrollando un ambiente de equipo, de modo que sabía que tomar esta postura me costaría parte del liderazgo. Tenía que considerar el costo de antemano. Si el grupo estaba de acuerdo conmigo, sería un capital bien invertido y se acrecentaría la influencia de mi liderazgo. Si el grupo no estaba de acuerdo conmigo, sería el comienzo del fin de mi capacidad para liderar en este lugar.

En mi corazón, decidí que teníamos que hacer esa mudanza porque el crecimiento es un mandato bíblico. No podemos hacer que crezcan las congregaciones, pero sin duda podemos crear el ambiente propicio para el crecimiento. Si nos mudábamos, yo creía honestamente que la iglesia tomaría impulso y aumentaría su influencia en la comunidad. También creía firmemente que la iglesia perdería su ímpetu si nos quedábamos. Por lo tanto, estaba dispuesto a abandonar mi cargo si los otros líderes no estaban dispuestos a hacer lo que yo creía necesario.

Todos quedaron en silencio. Los hombres presentes me miraron a mí y luego a los demás. Todos nos dimos cuenta de que este era uno de esos momentos que lo cambian todo. Sería un paso brillante de liderazgo o sería un tremendo revés. Como con todas las decisiones de liderazgo, no podemos estar seguros de antemano cuál será el resultado. Si fuera siempre tan obvio, ¡no necesitaríamos líderes!

Después de unos pocos minutos, el individuo influyente clave que estaba en la reunión dijo: "Está bien. Lo contratamos a Bill porque pensamos que era el hombre de Dios para este puesto. Si esta es su opinión y no tenemos ninguna razón bíblica para no hacerlo, pienso que tendríamos que confiar en sus instintos." Y eso fue todo. Al instante nos pusimos todos de acuerdo y comenzamos a planificar para el futuro.

Fue maravilloso ver a la gente ponerse en marcha cuando compartimos con la congregación lo que íbamos a hacer. Un pequeño grupo de hombres se me acercó para preguntarme si podían construir un sistema portátil de sonido. Otro grupo se ofreció para investigar cuáles eran las opciones para acomodar a la gente. El equipo a cargo de la alabanza comenzó de inmediato a planificar la mejor manera de armar todo los domingos. El equipo a cargo del ministerio de los niños creó un plan y se lo presentó a la junta para su revisión antes de que se lo solicitáramos. Nadie tuvo que ser empujado ni aguijoneado. La reacción de la congregación nos dio a todos la confianza de que sin duda habíamos tomado la decisión correcta.

Los riesgos crean las mejores historias

Los riesgos parecen algo extraño en el momento, pero crean relatos que luego contamos por el resto de nuestra vida. Y si no, pregúntele a Pedro, a quién enfrentó Jesús un día cuando volvía a casa del trabajo:

Al entrar Pedro en la casa, se adelantó Jesús a preguntarle:

> —¿Tú qué opinas, Simón? Los reyes de la tierra, ¿a quiénes cobran tributos e impuestos: a los suyos o a los demás?
>
> —A los demás —contestó Pedro.
>
> —Entonces los suyos están exentos —le dijo Jesús—. Pero, para no escandalizar a esta gente,

> vete al lago y echa el anzuelo. Saca el primer pez que pique; ábrele la boca y encontrarás una moneda. Tómala y dásela a ellos por mi impuesto y por el tuyo. (Mateo 17:25-27)

Le apuesto que Pedro se pasó el resto de su vida contándole a la gente que un día él pagó sus impuestos con una moneda que sacó de la boca de un pez. Tal vez usted no cuente historias de peces, pero cuando tome riesgos inteligentes en su vida, ellos se convertirán en las historias que relatará para siempre.

10

DECIDA BUSCAR APOYO SOBRENATURAL

Dios lo creó para que fuera un líder. Él sabe cuál es su naturaleza, qué es lo que ama, qué es lo que lo frustra y cuál es la visión que él ha depositado en su alma. También conoce a todos lo que lo rodean y cómo pueden ellos contribuir a la visión. El aprender a escuchar al Espíritu Santo mientras está liderando es una de las maneras más rápidas de conseguir el apoyo de la gente.

Santiago expresó la gran necesidad que hay de líderes: "Si a alguno de ustedes le falta sabiduría, pídasela a Dios, y él se la dará, pues Dios da a todos generosamente sin menospreciar a nadie" (Santiago 1:5). Es una simple directiva que pone en claro que Dios está interesado en interactuar con todo aquel que esté interesado en aprovechar ese privilegio. Parece que Dios se deleita en hacerlo. "Generosamente" significa que Dios da más de lo suficiente para realizar la tarea presente.

"Sin menospreciar a nadie" significa que jamás pone los ojos en blanco o dice: "Te di sabiduría la última vez y tú no hiciste nada con ella. ¿Por qué lo voy a seguir haciendo?" En cambio, Dios simplemente dice que sí cuando estamos dispuestos a pedir sabiduría.

Si usted está dispuesto, puede aprovechar este entendimiento, firmeza y carácter que Dios desea compartir con cada uno de nosotros. Podemos centrarnos en la manera que Dios piensa en las decisiones porque "tenemos la mente de Cristo" (1 Corintios 2:16). Podemos abordar las decisiones con un sentido de paz como nos lo demostró Pablo: "Todo lo puedo en Cristo que me fortalece" (Filipenses 4:13). Podemos desarrollar hábitos que nos mantienen concentrados en la visión que ha depositado Dios en nuestro corazón porque "el fruto del Espíritu es… dominio propio" (Gálatas 5:22, 23). Además, podemos discernir los matices de la voluntad de Dios para nuestra vida y las organizaciones que lideramos porque Dios nos ha prometido: "Yo te instruiré, yo te mostraré el camino que debes seguir; yo te daré consejos y velaré por ti" (Salmo 32:8).

¿Cómo pueden aprovechar los líderes ese entendimiento, fortaleza y recursos disponibles a través de una relación interactiva con Dios?

LA AYUDA DE DIOS EN EL LIDERAZGO: CÓMO VIVIR EN EL PODER DEL ESPÍRITU SANTO

En nuestra vida cotidiana existen varias habilidades estratégicas que nos dan acceso a los recursos del Espíritu Santo. Cuando era un estudiante universitario y estaba involucrado con la Cruzada Estudiantil para Cristo[24], donde me enseñaron "la respiración espiritual". Bill Bright, el fundador de esa organización, enseñaba que tenemos que exhalar las impurezas espirituales y tenemos que inhalar nutrientes espirituales para poder tener así una vida espiritual sana.

Las impurezas espirituales son lo que la Biblia llama pecado, lo cual es cualquier acto de terquedad que nos impida llevar a cabo la voluntad de Dios. Cuando tomamos conciencia de esos actos de terquedad, la Biblia nos dice que "exhalemos" mediante la confesión de nuestros pecados (1 Juan 1:9). Mientras andamos por la vida, el Espíritu Santo nos señala esos pecados. Él está también interesado en que experimentemos su fortaleza en nuestra vida que él altera cuando algo nos está impidiendo avanzar. El Espíritu Santo usa diversos métodos, pero nos hará conscientes de cuáles son las acciones, actitudes y pensamientos específicos que nos impiden ser llenos de su poder. Sin embargo, el propósito de alterarnos no es para que nos sintamos culpables. Es para que nos confesemos. La confesión consiste en tres simples pasos:

Primero, admitir qué le hicimos a Dios. No tenemos que explicarlo ni justificarlo. Simplemente tenemos que admitir que nuestro pensamientos, acciones o actitudes fueron contrarios a la voluntad de Dios.

Segundo, estemos de acuerdo en que lo que hicimos estuvo mal. Romanos 3:23 dice con toda claridad que en lo que se refiere a la admisión de nuestras faltas: "Todos han pecado y están privados de la gloria de Dios." Cuando admitimos que lo que hicimos fue equivocado, le decimos a nuestro corazón que coopere con Dios.

Tercero, pidamos perdón a nuestro Salvador. El primer paso de verdadero cambio es un corazón arrepentido. Si admitimos algo pero no nos sentimos arrepentidos por ello, no lo estamos realmente confesando. Tal vez lamentemos que nos hayan atrapado, pero eso está muy lejos del arrepentimiento, lo cual incluye lamentar haber tomado una decisión equivocada. Si no nos sentimos apenados o no nos disculpamos, entonces endurecemos nuestro corazón hacia esa acción o actitud, lo cual garantizará que lo volveremos a repetir una y otra vez.

Después de haber exhalado, tenemos que inhalar. El Dr. Bright explica que inhalamos apropiándonos del poder del Espíritu Santo. En Efesios 5:18 se nos ordena ser llenos del Espíritu Santo. El ser llenos es diferente de ser habitados. El Espíritu Santo habita en todos los creyentes, pero no todos los creyentes se someten a su guía.

Este es un proceso dinámico. Cada decisión afecta al que está a cargo de nuestra vida. Es parecido a manejar un automóvil. Cada vez que nos metemos en un coche, tenemos que decidir quién va a conducir. De la misma manera, todos los días recibimos el privilegio de decidir quién habrá de "conducir nuestra vida". Podemos estar nosotros a cargo y depender de *nuestra* sabiduría, talento, conocimientos y experiencia o podemos hacer que el Espíritu Santo esté a cargo y hacer que la sabiduría, talento, poder y guía de *Dios* estén activos en nuestra vida.

Como respirar, tenemos que hacer esto todos los días. El proceso de inhalar se basa en un simple concepto bíblico. Dios desea que le digamos que sí a su voluntad y es su voluntad que seamos llenos del Espíritu Santo.

Primera Juan 5:14-15 dice que Dios le dirá que sí a su voluntad. Efesios 5:18 dice claramente que la voluntad de Dios es que seamos llenos del Espíritu. Notemos el paralelo aquí entre la influencia del alcohol y la influencia del Espíritu Santo. Pienso que los paralelos están vinculados a tres ideas. El alcohol va ha hacer que hagamos cosas que normalmente no haríamos, que digamos cosas que normalmente no diríamos y que tengamos una osadía que es poco característica de nosotros. De la misma manera, el Espíritu Santo nos ayudará a decir cosas y hacer cosas que son altamente estratégicas y tendremos la valentía de amar, servir y liderar a aquellos que Dios a puesto a cargo de nosotros.

Por lo tanto, debemos entender que si le pedimos a Dios que nos llene con su Espíritu, nos dirá que sí. Eso es inhalar. Lo único que puede impedir que el Espíritu Santo esté a cargo en ese momento es nuestro pecado. Cuando nos damos cuenta de que existe algún pecado en nuestra vida, lo podemos confesar y dejar que nuestro corazón sea fortalecido por el Espíritu una vez más. Eso es exhalar.

Cuando inhalamos y exhalamos sistemáticamente, nos sentiremos cómodos con el Espíritu Santo sentado frente al volante y, por el contrario, nos sentiremos cada vez más insatisfechos cuando somos nosotros los que conducimos. La vida es tanto mejor, tanto más fuerte y dulce cuando está bajo el control de Dios.

Practique la Presencia

Todos los días de esta semana:

- Pregúntele a Dios: ¿Hay algo que debo confesarte hoy?

- Confiese todo lo que le venga a la mente.
- Después de haberlo confesado, pídale a Dios que lo llene (invista de poder) con su Espíritu.

  Al final del día, escriba las maneras en que ha notado que Dios obraba en su vida.

CÓMO COOPERAR CON EL ESPÍRITU SANTO

Seguir el liderazgo del Espíritu implica planear y adaptarse ya que no es algo pasivo el ir tras de él. En el Proverbio 16 encontramos una sociedad activa entre Dios y su pueblo:

> Del corazón del hombre surgen los planes,
> pero del Señor proviene la respuesta de la lengua…
> Si el Señor aprueba los caminos del hombre,
> hasta sus enemigos hacen la paz con él…
> El corazón del hombre pondera su camino,
> pero el Señor le corrige el rumbo.
> (Proverbio 16:1, 7, 9; RVC)

Se nos incita a planificar nuestro camino con el corazón completamente entregado a lo que deseamos hacer. Dios desea que examinemos nuestro corazón para ver cuáles son las actividades, decisiones y empresas que nos interesan. Al mismo tiempo, "el Señor corrige el rumbo". Dios no nos motiva con talentos y deseos para después abandonarnos a nuestra limitada perspectiva. Dios cuida activamente nuestra vida y nos exhorta a hacer los ajustes necesarios a nuestros planes. En otras palabras, él nos adiestra.

El Espíritu Santo sabe exactamente qué ajustes tenemos que hacer y él nos lo revela cuando llega el momento de hacerlo. Y porque el Espíritu es Dios, el Creador, sus ideas serán más creativas que las nuestras. Nuestra tarea es hacer planes, ponernos en marcha y estar dispuestos a adaptarnos.

Además de ponernos en marcha, tenemos que planificar con una actitud de oración si deseamos cooperar con el Espíritu. Tenemos que invitar a Dios a nuestras reuniones de planeamiento. El entregarle nuestra vida y confiar en el Señor significa que le hemos pedido a Dios sabiduría para trazar nuestros planes, guiados por las siguientes preguntas:

- ¿Están mis planes basados en lo que sé acerca de Dios?
- ¿Es esto algo de lo que Dios estaría razonablemente a favor?
- ¿Mientras estoy haciendo lo que estoy por hacer, me alegraría reunirme cara a cara con Dios?
- ¿Puedo pedir a Dios con entusiasmo que haga que esto ocurra?

Cuando podemos contestar sinceramente que sí a estas preguntas, Dios nos dará luz verde y se involucrará activamente de modo que se cumpla su voluntad en nuestra vida. Cuando estas preguntas nos molestan, es momento de reducir la velocidad y volver al punto de partida.

"Deléitate en el Señor, y él te concederá los deseos de tu corazón" (Salmo 37:4). Aquí es donde seguir el liderazgo del Espíritu se convierte en algo altamente relacional. En la vida hay que cumplir muchas tareas, pero el liderazgo es más que lograr que se hagan las cosas. El liderar a la gente también incluye motivar a los demás, ayudarlos a creer en algo que implica un sacrificio, valorar las relaciones, trabajar juntos para concretar un sueño y sacrificarse por el bien del equipo. Cuando tratamos de revisar diversas agendas a la vez, manejar relaciones y capacitar esto puede convertirse en algo bastante complejo y vamos a necesitar ayuda.

Cuando llevamos nuestros planes a Dios con la actitud de que él es más importante que nuestros planes, se nos abren nuevas posibilidades. Dios comienza a abrir nuestro corazón a los sueños que él tiene para nosotros. Dado que su perspectiva es mucho más amplia que la nuestra, Dios ve oportunidades que jamás se nos hubieran ocurrido. Nunca las podríamos descubrir sin su ayuda y cuando somos expuestos a ellas por primera vez, nos van a parecer difíciles o incluso imposibles, pero terminan siendo algunos de nuestros mejores recuerdos. La clave es hacer planes, pero no ser tercos. Tenemos que mantener el corazón dispuesto a hacer cambios cuando el Espíritu nos muestra que lo mejor es cambiar de rumbo.

NUNCA LO HUBIERA ANTICIPADO

"Tendríamos que crear un estudio de video. Tenemos esta habitación y pienso que tenemos la habilidad de hacerlo." Me parece que fue ayer cuando escuché a una de mis asistentes decir esas palabras. Mi primer pensamiento fue: *Es una locura. Los estudios son costosos. La producción de videos consume mucho tiempo y estamos demasiado ocupados ya. Además, no sé nada sobre las complejidades de producir videos.* Era una idea que parecía poco razonable en ese momento y, sin embargo, yo tenía la sensación de que Dios estaba liderando.

Traté de ignorarla por un tiempo, pero no podía deshacerme de la idea. Con el tiempo, me di cuenta de que tenía que hacer algo al respecto. Pedí prestado dinero para la iluminación y puse manos a la obra para instalar un estudio donde podríamos producir materiales de estudio para los grupos pequeños y ayudar así a la gente a adquirir conocimientos que considerábamos necesarios. Ahora que estamos dedicados al proyecto y que hemos comenzado a crear los materiales de estudio, puedo ver su sabiduría.

- Creo en los grupos pequeños. He estado convencido durante mucho tiempo que la gente crece más cuando se reúne y discute lo que están aprendiendo.
- Me encanta enseñar la Palabra de Dios y los principios que ayudan a la gente a crecer.
- Nuestra asistente y su esposo tienen experiencia en la producción de videos.
- Tenemos muchos libros con los que trabajar como contenido.
- Tenemos el espacio para albergar el estudio.

LA PRÁCTICA DE LA PRESENCIA

Practique cooperar con el Espíritu esta semana procesando una decisión que esté enfrentando con estas preguntas que tratamos hace un momento:

- ¿Están mis planes basados en lo que sé acerca de Dios?
- ¿Es esto algo de lo que Dios estaría razonablemente a favor?
- ¿Mientras estoy haciendo lo que estoy por hacer, me alegraría reunirme cara a cara con Dios?
- ¿Puedo pedir a Dios con entusiasmo que haga que esto ocurra?

A medida que descubra respuestas que sí a estas preguntas, dedíquese de lleno a sus planes. Si presiente un no, ajuste sus planes y considere otro procedimiento.

LA ALABANZA NOS SINTONIZA

> En tu santuario, oh Dios, eres imponente;
> ¡el Dios de Israel da poder y fuerza a su pueblo!
> ¡Bendito sea Dios!
>
> (Salmo 68:35)

Uno de los mayores desafíos cuando tratamos de entender cómo desea obrar Dios en nuestra vida es apartar la mirada de nosotros mismos. Por naturaleza, somos egoístas y egocéntricos. Sin embargo, el liderazgo se centra por naturaleza en los demás: "el que quiera hacerse grande entre ustedes deberá ser su servidor" (Marcos 10:43). La alabanza nos da algo más grande que nosotros y más grande que nuestra vida en lo que concentrarnos. Cuanto más alabamos, tanto más nos centramos en los demás. Como resultado, Dios nos da periódicamente dirección en medio de la alabanza. Tal vez estemos escuchando una canción y encontramos la respuesta justa a nuestra pregunta. Tal vez estemos cantando y de repente una decisión se hace clara. Tal vez nos estemos expresando en oración y se nos revela el siguiente paso que tomar. Esto ocurre porque Dios confía en la gente que no tiene los ojos puestos en sí misma.

Recientemente me encontraba en Israel visitando muchos de los lugares donde Jesús llevaba a cabo su ministerio terrenal. En Capernaúm, donde Jesús tenía su base, nos enseñaron que esta era una ciudad estratégica porque la gente se albergaba allí cuando estaba de viaje entre Damasco y Jerusalén. Gente de todo el mundo se detenía allí para descansar y abastecerse de provisiones. Cuando Jesús hacía algún milagro, la noticia se desparramaba con toda rapidez ya que los viajeros la llevaban a Jerusalén o Damasco.

Tomé allí un momento para orar y honrar a Dios por la manera en que había lanzado el evangelio, el que se ha convertido en un movimiento global. Cuando lo estaba haciendo, de repente me di cuenta de que Jesús había preparado a sus discípulos para hicieran exactamente lo que él quería. Siete de sus discípulos eran de Capernaúm, de modo que ellos habían estado expuestos a naciones de todo el mundo durante toda su vida. Cuando Jesús les dijo que "hicieran discípulos de todas las naciones", ellos deben haber tenido una imagen mental de lo que eso significaba. Junto con esta comprensión tuve el pensamiento de que Dios me ha preparado para lo que él desea que yo haga. Toda mi vida, Dios ha tomado los pasos necesarios para prepararme para su plan.

Usted puede desarrollar hábitos en su vida que lo ayuden a prepararse para escuchar a Dios en la alabanza:

- Concurra regularmente a la iglesia para poder así participar en una experiencia de alabanza conjunta. Cante cuando cantan (no importa cómo lo haga), siga las instrucciones del líder de la alabanza y concéntrese en las palabras que se utilizan para honrar a Dios.
- Practique diciéndole a Dios en su tiempo personal de oración cuán grandioso es. Repase

sus características y use lo que es propio de él para honrarlo con sus palabras.

- Escuche música de alabanza mientras realiza sus quehaceres diarios.
- Pídale a Dios que use ese tiempo de alabanza para darle dirección a su vida.

LA PALABRA ESTÁ VIVA

Hebreos 4:12 revela que "Ciertamente, la palabra de Dios es viva y poderosa, y más cortante que cualquier espada de dos filos. Penetra hasta lo más profundo del alma y del espíritu, hasta la médula de los huesos, y juzga los pensamientos y las intenciones del corazón". Efesios 6:17 nos dice que la palabra de Dios es "la espada del Espíritu". Esto significa que el Espíritu Santo utiliza las palabras de la Biblia para guiar nuestros pasos. Cuando pasamos tiempo leyendo y escuchando la Biblia, comenzamos a notar que algunos versículos parecen cobrar vida. Algunos de estos versículos nos hacen sentir mejor acerca de nosotros mismos y la vida. Otros nos alteran y nos hacen conscientes de algún área que Dios desea cambiar. Cuando les prestamos atención a estos versículos, Dios nos conduce hacia el plan que tiene para nosotros.

No ocurre todos los días o todas las semanas o tal vez todos los años. Pero periódicamente, la Biblia cobra vida en nosotros. Tal vez la estemos leyendo, estudiándola con amigos, escuchándola o meditando en algún versículo que hayamos memorizado. No tenemos que estar buscándolo. Simplemente tenemos que ser constantes en nuestra exposición a la Palabra de Dios. El Espíritu Santo va a usar nuestra exposición a la Biblia para hacer que nuestras decisiones y compromisos estén alineados con su voluntad. Tengamos presente que Dios tiene un mayor deseo de liderarnos que nosotros de que nos lidere. Lo pondrá en evidencia para que no tengamos que preocuparnos.

CUANDO LA ORACIÓN NO ES SUFICIENTE

El ayuno agudiza nuestra concentración espiritual y nos permite obtener entendimiento y dirección para las decisiones que tenemos por delante. Estas son algunas normas que podemos seguir cuando decidimos ayunar.

Establezca un momento específico. Cuánto tiempo ayuna no es tan importante como el hecho de que haya ayunado. Si nunca antes practicó esta disciplina, comience con un período breve de tiempo (una comida, medio día, un día). A medida que se acostumbre a ella, puede elegir ayunar durante períodos más prolongados.

Elija un plan específico para negarse alimentos. Usted puede no comer ninguna comida durante un día entero. Puede omitir una comida durante siete días seguidos. Puede omitir comer azúcar durante cuarenta días y más. Puede dejar de ver su programa favorito de TV para poder pasar más tiempo en oración. El objetivo es negarse alimentos (o alguna otra actividad placentera) para concentrarse en la oración.

Tome mucha agua para no deshidratarse durante el ayuno.

Si ayuna alimentos, salga despacio de su ayuno. Vuelva a introducir lo que se ha negado en su dieta con lentitud. Si va a emprender un ayuno intenso (días enteros sin alimentos), consulte con su médico y el sitio web de la Cruzada Estudiantil Internacional para Cristo dedicado al ayuno (www.ccci.org/growth/growing-closer-to-god/how-to-fast/index.aspx). Si tiene algún problema de salud, siempre consulte primero con su médico antes de ayunar o de cambiar sus hábitos alimenticios.

Elija un actitud positiva. En Mateo 6:16-18, Jesús dijo:

> "Cuando ayunen, no pongan cara triste como hacen los hipócritas, que demudan sus rostros para mostrar que están ayunando. Les aseguro que éstos ya han obtenido toda su recompensa. Pero tú, cuando ayunes, perfúmate la cabeza y lávate la cara para que no sea evidente ante los demás que estás ayunando, sino sólo ante tu Padre, que está en lo secreto; y tu Padre, que ve lo que se hace en secreto, te recompensará."

Pase el tiempo que usaría normalmente para preparar y consumir comida orando. Este es el momento para buscar específicamente a Dios y obtener su guía para la decisión que tiene que tomar. Jesús también dijo en Mateo 7:7-8:

> "Pidan, y se les dará; busquen, y encontrarán; llamen, y se les abrirá. Porque todo el que pide, recibe; el que busca, encuentra; y al que llama, se le abre."

Acompañe su oración con la lectura de la Biblia. Jeremías 36:5-6 establece el ejemplo:

> "Luego Jeremías le dio esta orden a Baruc: 'Estoy detenido y no puedo ir a la casa del Señor. Por

> tanto, ve a la casa del Señor en el día de ayuno, y lee en voz alta ante el pueblo de Jerusalén las palabras del Señor que te he dictado y que escribiste en el rollo. Léeselas también a toda la gente de Judá que haya venido de sus ciudades."

Escriba en un diario lo que haya descubierto. Cuando ayune, Dios le comunicará versículos, pensamientos y planes a su corazón. Cuando anote esos conceptos, ellos se unirán para formar una decisión en la que usted puede confiar.

IMITE LA MANERA EN QUE PIENSA EL ESPÍRITU SANTO

Una de las maneras en que nos podemos capacitar para tener una actitud de cooperación es imitando la manera en que el Espíritu aborda la vida. Sabemos, por supuesto, que jamás podremos hacer exactamente lo que hace el Espíritu Santo, pero podemos concentrar nuestros pensamientos y acciones para darle un acceso más amplio. El imitar al Espíritu es diferente a tratar de ser el Espíritu. Imitarlo significa que haremos lo que creemos que haría el Espíritu en la situación en la que estamos con la esperanza de que él participará activamente de la situación.

Esto parece ser una tendencia intrínseca de la humanidad. Los niños imitan naturalmente a sus padres mientras que las niñas imitan a sus madres. Tendemos asimismo a imitar la conducta de las personas que respetamos. He notado que todos los hombres en mi familia usan una expresión característica para comunicar "te he escuchado" o algo similar.

"Voy a llegar a las 7."

"Entendido."

"Caleb ganó su partido la semana pasada. Fue muy divertido."

"Entendido."

"Oye, papá, este sábado es la fiesta de cumpleaños de Edén. Me encantaría que tú y mamá vinieran."

"Entendido."

Mi papá, mi hermano, mis tres hijos y yo usamos esta expresión regularmente, y ninguno de nosotros decidió jamás hacerla parte de nuestro vocabulario. Simplemente, hemos estado imitándonos los unos a los otros durante generaciones de modo que se ha convertido en algo automático.

Así que ¿cómo imitamos al Espíritu?

Una de las formas de hacerlo es pensar de la misma manera que piensa el Espíritu. La manera en que piensa el Espíritu está revelada en la Biblia. Cuando leamos, escuchemos y estudiemos la Biblia, tomemos conciencia de la perspectiva de la vida y el amor del Espíritu. Podemos elegir adoptar la misma perspectiva. Los temas en los que se concentra el Espíritu Santo están resumidos en Filipenses 4:8: "Por último, hermanos, consideren bien todo lo verdadero, todo lo respetable, todo lo justo, todo lo puro, todo lo amable, todo lo digno de admiración, en fin, todo lo que sea excelente o merezca elogio."

Este es un lugar excelente donde comenzar a imitar la manera en que piensa el Espíritu.

ALIVIE SU ESTRÉS ESPIRITUAL MEDIANTE EL ESPÍRITU SANTO

No creo estar diciéndole nada nuevo cuando le digo que el liderazgo es un campo de batalla. No quiero decir que siempre haya conflicto en su organización (aunque a algunos les parezca que sí). Sin embargo, estoy diciendo que lo que usted está haciendo es altamente significativo, de modo que existe un esfuerzo espiritual concertado para interrumpir su eficacia. El éxito en su organización elevará el nivel de confianza de la gente, cubrirá las necesidades financieras, ayudará a resolver los problemas de la vida y unirá a la gente. Una organización bien manejada tiene tanto impacto que invita realmente los conflictos.

Una de las razones es el estrés espiritual. Satanás y su séquito no desean que usted prospere. Él sabe que su liderazgo moldeará personas fuertes que descubren el plan de Dios para su vida y crían sólidas familias. Si puede distorsionar el impacto que tenemos en los demás, puede distorsionar el avance del evangelio ya que la gente está absorta en los conflictos interpersonales en vez de dedicarse al logro de sus objetivos. Por lo tanto, la gente está tensa sin razón alguna.

Para reducir al mínimo el estrés espiritual en su ambiente de liderazgo, usted puede practicar dos cosas. La primera es *orar en voz alta.* Cuando siente la tensión y el conflicto, ore primero, hable después. Por cierto, no toda la tensión y los conflictos en sus relaciones son ocasionados por fuerzas espirituales, pero pueden ser una de las causas. Antes de aventurarse a resolver el problema mediante su propio ingenio, sería sabio eliminar todo el posible estrés ocasionado por las mentiras del enemigo. Haga una oración similar a la que se encuentra bajo el título "Practique la Presencia". A menudo se deshace el conflicto por la sencilla razón de que, al orar en voz alta, usted elimina la fuente, la cual es espiritual más que relacional. Por supuesto que el discernimiento es necesario ya que podría no ser apropiado orar en voz alta delante de sus compañeros de trabajo. Tal vez tenga que buscar un lugar privado para hacerlo.

Lo otro que puede practicar es *reemplazar las mentiras con la verdad.* Cuando surjan conflictos, pregúntese: "¿Hay una mentira obvia que está afectando nuestra interacción?" Este es el terreno propicio para los demonios. Juan 8:44 nos dice que Satanás es el "padre de las mentiras". Esta es el arma que usa contra los creyentes. Nos miente y trata de convencernos de que la mentira es verdad. Cuando creemos la mentira, creamos una pequeña hendidura por donde penetra la influencia que los demonios emplean para que nos sintamos frustrados con los demás. Tan pronto identifique la mentira y pronuncie la verdad, usted podrá desarmar la influencia que ocasiona el conflicto.

Con frecuencia, las mentiras que hacen que suene la alarma provienen de nuestra familia de origen. Los patrones familiares son poderosos y se esfuerzan por repetirse generación tras generación. Todas las personas que usted lidere habrán aprendido esos patrones durante sus primeros años de vida. Y los traen al trabajo. Están muy arraigados en ellos y son provocados por las respuestas emocionales que inevitablemente ocurren.

Yo estaba en una reunión con un dedicado grupo de líderes de iglesias cuando surgió el tema de un problema que existía con un miembro del personal. Esta persona había cometido un error que estaba teniendo un efecto negativo y perdurable en una cantidad importante de gente. Era difícil hablar sobre ello ya que esa persona era la esposa de uno de los hombres que se encontraba presente en la reunión. Estábamos tratando de resolver juntos el problema, pero para el esposo se estaba convirtiendo en algo demasiado personal.

Me di cuenta de que estaba tratando de esquivar un poco el tema y que no estábamos avanzando, de modo que le dije enfáticamente al grupo: "Ella cometió aquí un error y tenemos que hacer algo al respecto para no perder credibilidad."

Al escuchar eso, el esposo se puso abruptamente de pie, tiró las llaves de la iglesia sobre mi escritorio y me dijo enojado: "Ella no cometió ningún error y tú estás dándole demasiada importancia a todo esto. Creo que no puedo continuar sirviendo aquí. Renuncio." Luego salió furioso de la habitación mientras el resto de nosotros nos mirábamos pasmados sin poder creer lo que había sucedido.

En ese momento no me di cuenta, pero este buen hombre se había criado con un padre alcohólico que sin razón alguna vivía acusando a su esposa de mala conducta y malas decisiones. Las pocas veces que él trató de defender a su mamá, su padre lo castigó severamente. Cuando se casó, tomó la decisión de que jamás trataría a su esposa de la manera en que su papá había tratado a su mamá. Cuando nació su hija, esto se intensificó. Mi afirmación durante la reunión suscitó profundas emociones y, debido a eso, él reaccionó para defender a su esposa.

Ahora lo sé porque él habló luego honestamente conmigo. Después de la reunión, fui a su casa para ver cómo estaba y para tratar, en lo posible, de reparar la relación. Con humildad, él me contó la historia de su pasado y por qué le resultaba tan importante proteger a su esposa. Decidió que ya no serviría en la junta, pero su nivel de apertura solidificó la confianza entre nosotros. Continuó siendo un valioso voluntario y su esposa continuó sirviendo como parte de nuestro personal con gran eficacia.

El Espíritu de Dios desea usar esos disparadores para generar crecimiento en nuestra vida. Es su tarea fomentar el crecimiento; nuestra tarea es la de cooperar. La manera en que cooperamos es a través de una honesta evaluación de la influencia de nuestra familia de origen. Uno de los grandes momentos de madurez en nuestra vida es cuando nos preguntamos: "¿Qué rasgos de mi familia deseo conservar y cuáles deseo reemplazar con mejores habilidades?" Como líderes, cuando lo hacemos, asumimos una responsabilidad adulta de nuestra vida. Cuando animamos a los que lideramos a que hagan lo mismo, los ayudamos a tomar la responsabilidad adulta de sus vidas. Como puede imaginarse, la organización que tiene gente que asume su responsabilidad es una organización altamente eficaz.

Practique la Presencia

Realice esta oración en voz alta durante cinco días cuando no esté en conflicto. Luego dígala antes de comenzar cualquier conversación tensa.

> Jesús, te doy gracias por tu victoria en la cruz. Sé que tu muerte y resurrección me han hecho más que vencedor. Por lo tanto, estoy humildemente de pie junto a ti y en tu nombre ordeno a todos los espíritus malignos que estén presentes que callen y no operen de ninguna manera. Anuncio que yo soy parte de tu equipo y te entrego esta conversación. Por favor, guía la conversación y dame tu poder para resolver las cosas.

Para poder ser el mejor líder posible, examine los pasos a continuación mientras evalúa la influencia de su familia.

Primer paso: ¿Qué es lo saludable de mi familia que deseo incorporar a mi vida?

Segundo paso: ¿Qué es lo malsano de mi familia que deseo reemplazar con conductas más productivas?

Tercer paso: ¿Qué conducta productiva deseo practicar en vez de la conducta malsana que se desencadena?

Cuarto paso: Pida al Espíritu Santo que le dé el poder para llevar a cabo los tres primeros pasos.

ORE RECITANDO LAS ESCRITURAS

Existe una interacción dinámica entre el Espíritu Santo y la Palabra de Dios. El Espíritu usa la Palabra para atraer nuestra atención, guiar nuestros pasos y hacernos crecer. Por lo tanto, cada paso que tomamos para aplicar la Biblia a nuestra vida de una manera práctica y personal tiene un impacto dramático en nosotros. Una de las mejores maneras que conozco de hacer que la Biblia sea práctica y personal es orar diferentes versículos de las Escrituras. Aquí hay algunas sugerencias sobre cómo orar eficazmente la Biblia:

- Elija versículos que se apliquen a su vida. La Biblia es un libro muy personal que contiene un vasto número de promesas y enseñanzas. Sin embargo, algunos versículos son de naturaleza histórica y se aplican a circunstancias específicas. En estos casos, tenemos que tener cuidado de no aplicarlos equivocadamente. Un buen ejemplo es el Salmo 51:11, en donde escribe David: "ni me quites tu santo Espíritu". En el Antiguo Testamento, el Espíritu caía sobre la gente con un fin específico y una duración limitada. En el Nuevo Testamento, el Espíritu habita en los creyentes y jamás se aleja. Esta era una oración muy real para David que dejó de ser necesaria para los creyentes.

- Inserte su nombre o pronombre personal en el versículo allí donde sea apropiado (vea a continuación ejemplos de cómo hacerlo).
- Ore en voz alta esos versículos para su vida.

Ejemplos:

> Efesios 1:17: "Pido que el Dios de nuestro Señor Jesucristo, el Padre glorioso, [me] dé el Espíritu de sabiduría y de revelación, para que [yo] lo conozca mejor."
>
> Colosenses 3:9-10, 12: [Dejo] de mentir [a los demás], ahora que [me he] quitado el ropaje de la vieja naturaleza con sus vicios, y [me he] puesto el de la nueva naturaleza, que se va renovando en conocimiento a imagen de su Creador… [Me revisto] de afecto entrañable y de bondad, humildad, amabilidad y paciencia."

ELIJA LO OPUESTO

Dentro de cada creyente se está librando una batalla. Es la batalla entre la "antigua naturaleza" y la "nueva naturaleza". La antigua naturaleza es fortalecida y dirigida por nuestra naturaleza humana natural, la cual es egoísta y engañosa. La nueva naturaleza es fortalecida y dirigida por el Espíritu Santo, el cual se centra en los demás y se relaciona con destreza. En Colosenses, Pablo explica el contraste entre la antigua naturaleza y la nueva.

> Por tanto, hagan morir todo lo que es propio de la naturaleza terrenal: inmoralidad sexual, impureza,

> bajas pasiones, malos deseos y avaricia, la cual es idolatría. Por estas cosas viene el castigo de Dios. Ustedes las practicaron en otro tiempo, cuando vivían en ellas. Pero ahora abandonen también todo esto: enojo, ira, malicia, calumnia y lenguaje obsceno. Dejen de mentirse unos a otros, ahora que se han quitado el ropaje de la vieja naturaleza con sus vicios, y se han puesto el de la nueva naturaleza, que se va renovando en conocimiento a imagen de su Creador. En esta nueva naturaleza no hay griego ni judío, circunciso ni incircunciso, culto ni inculto, esclavo ni libre, sino que Cristo es todo y está en todos. Por lo tanto, como escogidos de Dios, santos y amados, revístanse de afecto entrañable y de bondad, humildad, amabilidad y paciencia, de modo que se toleren unos a otros y se perdonen si alguno tiene queja contra otro. Así como el Señor los perdonó, perdonen también ustedes. Por encima de todo, vístanse de amor, que es el vínculo perfecto (Colosenses 3:5-14).

Cuando lideramos, el Espíritu Santo usa el contraste entre estas dos naturalezas para darnos dirección. De vez en cuando notamos que la gente que lideramos opera de acuerdo con su vieja naturaleza. Pueden estar enojados o contrariados o atemorizados o tantas otras cosas similares. Cuando esto ocurre, el Espíritu Santo nos indica hacer lo contrario. Tendremos la sensación de que tenemos que ser amables frente a la ira, pacíficos frente a la discordia y tímidos frente a la osadía. Esto irá en contra de nuestras tendencias naturales y es probable que lo resistamos ya que nos hace sentir vulnerables. Sin embargo, cuando respondemos de esa manera, el Espíritu Santo tiene la oportunidad de cambiar la actitud y las acciones de los que nos rodean. Es probable que haya usted notado que no nos conviene destacar una conducta equivocada en el momento en que está en curso, aun cuando tengamos razón. En cambio, sólo sirve para intensificar la conducta que estamos tratando de detener.

Trate de responder a lo que le indica el Espíritu y observe qué ocurre. Colosenses 3 alude a este proceso como el de "quitarse" y "ponerse" ropa. El tema es que tenemos una opción, y la opción suele ser increíblemente obvia. La conducta negativa es como una linterna que ilumina la conducta positiva que el Espíritu Santo desea producir en nosotros.

Los siguientes son algunos hábitos que puede desarrollar para aprestarse a escuchar a Dios cuando elija ponerse la nueva naturaleza.

- *Practique demorar su respuesta.* Cuando las demás personas le respondan de manera negativa, cuente hasta cinco antes de decir o hacer algo.
- *Practique la conducta opuesta.* Pregúntese: "¿Qué es lo opuesto de esta conducta negativa?" En vez de reaccionar con palabras y acciones negativas, elija ser positivo y alentador. Luego observe lo que hace Dios. Tal vez no haya un resultado positivo inmediato, pero si reacciona negativamente, usted no ayudará a la situación.
- *Pida a Dios que use su elección de la conducta opuesta para mejorar su organización.*

La forma más sustentable de liderazgo es un reflejo de quién es usted. Jesús anunció: "A cada árbol se le reconoce por su propio fruto… El que es bueno, de la bondad que atesora en el corazón produce el bien; pero el que es malo, de su maldad produce el mal, porque de lo que abunda en el corazón habla la boca" (Lucas 6:44-45).

Con la ayuda de Dios, usted puede influenciar a los demás de manera significativa porque usted será un líder guiado por el Espíritu Santo.

CONCLUSIÓN

PERSIGA SUS SUEÑOS

Imagínese si los líderes no lideraran.

Esta idea se convirtió para mí en realidad en la época en que Michael Jordan, Larry Bird y Magic Johnson dominaban la Asociación Nacional de Básquetbol. Yo era el presidente de la liga juvenil de básquetbol en nuestra ciudad. Vi a muchos jóvenes, tanto hombres como mujeres, que soñaban llegar a ser competidores universitarios y profesionales. Todos sabíamos que muy pocos de ellos alcanzarían ese nivel, pero también sabíamos que lo que estábamos haciendo era importante. Sin las miles de ligas juveniles en todo el país que les daban oportunidades a los jóvenes de descubrir su talento, jamás habría un grupo de jugadores lo suficiente grande como para llenar los equipos de los colegios secundarios que proporcionaban el talento para el nivel universitario y demás. Requería todo nivel de participación, liderado por líderes comunes a líderes excepcionales, el construir un sistema que pudiera apoyar a la liga profesional.

La necesidad incesante de líderes fue aún más real para mí cuando consideré mi propia salvación. Yo me convertí en 1976 en un pueblo común y corriente de California. Para que yo me viera expuesto al evangelio, el mensaje tuvo que ser llevado por alrededor de todo el mundo durante casi dos mil años. Sin los esfuerzos de fieles líderes y misioneros de la iglesia a lo largo de toda la historia, jamás habría yo conocido a Jesús y su don gratuito de vida eterna.

Miremos la genealogía de Jesús mismo en Lucas 3. Se enumeran setenta y cinco nombres, y todos ellos fueron necesarios para traer al Salvador al mundo. Estoy seguro de que ha escuchado hablar de David, Booz, Abraham, Isaac y Jacob, así como de Noé y Adán. Pienso que estaría en aprietos si tuviera que decir algo significativo de Serug, Melea, Adí, Janay o Elí. Es poco lo que sabemos de ellos, pero son líderes de familia igualmente importantes que las superestrellas en el linaje de Jesús. Tal vez sea usted un líder muy conocido o tal vez ejercite sus dones en un rincón oscuro del planeta. Como sea, usted es parte del sistema mundial que expone la verdad y hace que las organizaciones rindan fruto.

EL SURGIMIENTO DE LA INNOVACIÓN

Si los líderes no lideraran, las innovaciones de las que dependemos a diario no habrían surgido jamás. Sin el liderazgo de Bill Gates y Steve Jobs, no tendríamos computadoras personales. No tendríamos electrodomésticos que nos simplifican la vida, ni automóviles que nos transportan con facilidad ni teléfonos que nos mantienen conectados.

La preservación de la excelencia moral

Si los líderes no lideraran, la moral de nuestra sociedad se deterioraría a un ritmo aún más rápido que ahora. La gente se inclina naturalmente hacia el deterioro, la destrucción y la conductas desastrosas: "Porque en lo íntimo de mi ser me deleito en la ley de Dios; pero me doy cuenta de que en los miembros de mi cuerpo hay otra ley, que es la ley del pecado. Esta ley lucha contra la ley de mi mente, y me tiene cautivo" (Romanos 7:22-23).

La evidencia de esta lucha es total. Las noticias de las enfermedades de transmisión sexual no hacen nada por detener la promiscuidad. Los informes acerca de sobredosis, choques fatales y enfermedades no consiguen refrenar el apetito de la gente por las drogas y el alcohol. Bob Goldman les preguntó a 198 atletas de primera categoría si tomarían alguna droga mágica que les garantizara la victoria en cualquier competencia pero que los mataría cinco años después de ingerirla. ¡Más de la mitad de esos atletas dijo que sí![25]

En el caso de las relaciones, está bien establecido que las parejas que no reciben capacitación prematrimonial o que viven juntos antes de casarse corren un mayor riesgo de divorciarse y, sin embargo, de acuerdo con el Instituto Nacional de Salud Infantil y Desarrollo Humano, más de la mitad de todos los matrimonios en los Estados Unidos comienza ahora conviviendo antes de casarse.[26] Estas verdades pueden ser muy desalentadoras a menos que los líderes perciban las necesidades y se sientan impulsados a hacer algo al respecto, así como Bob Moorehead, quien comenta:

- Gastamos más, pero tenemos menos; compramos más, pero disfrutamos menos.
- Tenemos casas más grandes y familias más pequeñas; más comodidades, pero menos tiempo.
- Tenemos más títulos, pero menos sentido común; más conocimientos, pero menos cordura; más expertos, pero más problemas; más medicamentos, pero menos salud.
- Bebemos demasiado, fumamos demasiado, derrochamos demasiado dinero, nos reímos muy poco, manejamos muy rápido, nos enojamos muy pronto, nos quedamos despiertos hasta muy tarde, nos levantamos muy cansados, oramos muy poco, y miramos demasiada televisión…
- Hemos aprendido a ganarnos la vida, pero no a vivir; le hemos agregado años a nuestra vida, pero no vida a nuestros años…
- Hemos aprendido a apresurarnos, pero no a esperar; tenemos sueldos más altos, pero menos ética; más comida, pero menos tranquilidad; más conocidos, pero menos amigos; más esfuerzo, pero menos éxito…
- Esta es la época de dos sueldos, pero más divorcios; de casas más lujosas, pero hogares destruidos.
- Esta es la época de los viajes rápidos, pañales descartables, ética desechable, amoríos de una sola noche, cuerpos obesos y pastillas que hacen

todo desde alegrarnos, calmarnos, matarnos…

- Hoy día, muchos desean ganarse el mundo a expensas de su alma.
- Contemplamos y realizamos el mal con ambas manos, pero no podemos levantar un solo dedo para ayudar a nuestros semejantes.

> Que Dios se apiade de nuestra alma. Oremos sin cesar. Que cada uno examine su propio camino.[27]

Si los líderes no comentan sobre esto y no nos llaman a ponernos en acción, nadie lo hará. Sólo los líderes tienen la valentía, la pasión y la audacia para señalar lo moralmente inapropiado en nuestra sociedad y ofrecer soluciones que protejan el corazón de la gente.

GUARDIANES DE LA ORGANIZACIÓN

Si los líderes no lideraran, reinaría la desorganización. Me asombra cuánta energía de liderazgo requiere mantener a la gente en su camino con los ojos puestos en la recompensa. El apóstol Pablo dijo: "Así que yo no corro como quien no tiene meta; no lucho como quien da golpes al aire. Más bien, golpeo mi cuerpo y lo domino, no sea que, después de haber predicado a otros, yo mismo quede descalificado" (1 Corintios 9:26-27). Esa actitud es poco común y tiene que ser fomentada por los que están a cargo.

Por ejemplo, durante mis quince años como pastor principal, tuve que desarrollar dos hábitos para mantener a nuestro equipo de alabanza concentrado y funcionando con energías renovadas. Cuando llegaba el momento de comenzar nuestro primer servicio, yo le tenía que decir a nuestro líder de alabanza: "Es hora de comenzar." Con el tiempo, supuse que el equipo estaría más atento para comenzar en hora, pero regularmente los pescaba hablando entre ellos sobre el impacto del servicio. Les preocupaba la inspiración de su alabanza pero descuidaban el horario.

Luego, cuando llegaba el momento de comenzar el segundo servicio, yo les recordaba a todos ellos: "Mantengan la misma energía en el segundo servicio que en el primero." La tendencia era dejarse estar después de su primera "actuación", no ofreciéndole a la gente que concurría al segundo servicio sus mejores esfuerzos. Crecimos al punto que ya no tuve que ser yo quien los impulsara, pero siempre necesitaron alguien que lo hiciera.

Esta es la naturaleza de las ovejas. Jesús dijo: "El ladrón no viene más que a robar, matar y destruir; yo he venido para que tengan vida, y la tengan en abundancia" (Juan 10:11). Las ovejas necesitan constantemente que las dirijan, les recuerden lo que tienen que hacer y las supervisen. Tienen que ser protegidas y provistas de todo lo que necesitan. Una de las cosas más tristes que dijo Jesús durante su ministerio terrenal tenía que ver con la falta de liderazgo entre su gente: "Al ver a las multitudes, tuvo compasión de ellas, porque estaban agobiadas y desamparadas, como ovejas sin pastor" (Mateo 9:36). Sin la mirada atenta del pastor, las ovejas deambulan, se mueren de hambre y son vulnerables a los ataques. Al declarar que somos ovejas, Jesús emitió un mandato perpetuo para los líderes.

Cuando asumí el liderazgo del ministerio de grupos pequeños en una iglesia del sur de California, me fascinó ver cómo apenas un poco de liderazgo organizativo encendía un nuevo nivel de entusiasmo. Decidimos armar una estructura que aprovechara las habilidades de aquellos a los que aludíamos como los líderes de nivel B. Los líderes de nivel A tomaban la iniciativa con apenas una idea. Todo lo que teníamos que hacer con estos líderes era hacer alguna sugerencia y ellos la ponían en marcha. Los líderes de nivel B implementaban cualquier programa que establecíamos. Ellos se sentían seguros en los planes de clases que les presentaban, los anuncios que les imprimían, las capacitaciones semanales en CD para prepararlos para su reunión y la habilidad de recoger los domingos todos los materiales impresos que necesitaba su grupo esa semana. La motivación de estar involucrados en grupos pequeños ya estaba allí. El deseo de dedicarse a los grupos pequeños ya estaba allí. El deseo de dedicarse a una reunión semanal para aprender juntos y darse apoyo los unos a los otros ya existía. Lo único que faltaba era el plan de liderazgo para aprovechar la energía. Una vez que les suministramos el plan organizativo, la concurrencia a los grupos pequeños se duplicó en un breve período de tiempo.

QUÉ HACER CON LAS DISTRACCIONES

Si los líderes no lideraran, la gente estará distraída y sin dirección. El libro de Jueces es un recordatorio real de lo que sucede cuando los líderes no lideran. Cuando Josué estaba guiando la nación, todo iba bien. "El pueblo sirvió al Señor mientras vivieron Josué y los ancianos que le sobrevivieron, los cuales habían visto todas las grandes obras que el Señor había hecho por Israel" (Jueces 2:7). Después de su muerte, surgió otra generación "que no conocía al Señor ni sabía lo que él había hecho por Israel"

(2:10). En el vacío de líderes, "esos israelitas hicieron lo que ofende al Señor y adoraron a los ídolos de Baal. Abandonaron al Señor... y siguieron a otros dioses —dioses de los pueblos que los rodeaban—, y los adoraron, provocando así la ira del Señor (2:11-12).

Cada vez que hago un inventario de los desarrollos de nuestra sociedad, me doy cuenta de la necesidad de dedicados líderes de calidad. Está surgiendo una moralidad irracional que suena inteligente, compasiva y moderna cuando en realidad es inmoralidad con ropas nuevas. Lo que solíamos reconocer como inmoralidad es aludida ahora como estilos de vida alternativos. Las sólidas convicciones morales llevan ahora el rótulo de intolerantes y llenas de odio. El quitar la vida se ha reducido a un tema de asistencia médica. La libertad religiosa está siendo sacrificada sobre el altar de las presiones políticas.

Esta clase de moralidad atrae al orgullo del corazón humano porque erróneamente pensamos que podemos establecer las reglas sin ninguna consecuencia. Hablamos de la boca para afuera de los efectos nocivos, pero no estamos dispuestos a ceder nuestro orgullo para encontrar verdaderas soluciones. La única esperanza para el cambio es que surjan líderes que nos convoquen a ser responsables y que nos inspiren a perseguir la excelencia espiritual, ética, moral y relacional. En la ausencia de verdaderos líderes, la gente reducirá su conducta a diversos niveles de mediocridad.

LLEVA TIEMPO

Sin duda alguna, el proyecto más importante de la vida de Salomón fue la construcción del templo. Era el punto de reunión de la nación de Israel. Era un recordatorio diario del poder, la majestad y la autoridad del Dios Todopoderoso. La gente veía el sol reflejándose en la estructura dorada y recordaba así que Dios estaba en medio de ellos.

No obstante, llevó mucho tiempo y trabajo completarlo: "Los cimientos del templo del Señor se habían echado en el mes de zif del cuarto año… y en el mes de bul del año undécimo… se terminó de construir el templo siguiendo al pie de la letra todos los detalles del diseño. Siete años le llevó a Salomón la construcción del templo (1 Reyes 6:37-38).

Se describe el proyecto en un solo capítulo, pero llevó siete años construirlo. El proceso requirió un planeamiento estratégico, preparación de los materiales de construcción, atención a los detalles, innumerables horas de trabajo especializado como también del común, y constantes recordatorios del propósito de este proyecto. Era una estructura magnífica que fue hecha posible sólo con perseverancia y traspiración.

Es aún más intrigante cuando consideramos 1 Corintios 6:19: "¿Acaso no saben que su cuerpo es templo del Espíritu Santo, quien está en ustedes y al que han recibido de parte de Dios?" En la época de Salomón, Dios "habitaba" en el templo construido por hombres. Hoy día, Dios "habita" en nosotros. Somos el templo. Somos el recuerdo constante de que Dios es poderoso, nos ama y vive entre nosotros. Las consecuencias de esto merecen nuestra diaria atención:

- Nuestra vida es un digno proyecto.
- Lleva tiempo, así que debemos seguir trabajando.
- Si tenemos un plan estratégico, creceremos mejor.
- Tenemos que prestar atención a los detalles

importantes de nuestra vida ya que la eficacia suele depender de las pequeñas cosas.
- Es útil recordar nuestro propósito.
- Necesitamos la ayuda de los demás para completar nuestro desarrollo.
- Necesitamos valorar mucho las etapas de preparación ya que los proyecto importantes llevan su tiempo.

Como la mayoría de nosotros, generalmente estoy apurado por ser "ahora" lo que lleva tiempo alcanzar. Deseo ser más inteligente *ahora*, más fuerte *ahora* y más exitoso *ahora* aun cuando sepa que algunas cosas llevan tiempo.

El invierno pasado volé desde Boston a Orange County, California. Teóricamente es un vuelo de ocho horas incluyendo una parada en Dallas. Pero el tiempo tenía otros planes, de modo que nos pasamos un par de horas volando en círculos sobre el aeropuerto de Dallas. Con poco combustible, tuvimos que ser desviados a Tulsa, Oklahoma, para llenar los tanques antes de regresar a Dallas, donde volamos en círculos otra hora más. Me di cuenta de que todo esto estaba llevando más tiempo de lo anticipado cuando la azafata miró su reloj y dijo: "¡Vaya, a esta altura ya podríamos haber llegado a Londres!"

Por supuesto se canceló mi vuelo de conexión a California y el siguiente vuelo disponible no salió hasta tarde en la noche. Cuando llegué a mi casa a medianoche, me di cuenta de que un viaje de ocho horas se había transformado en una excursión de veintiuna horas de desarrollo del carácter. ¡Fue un vívido recordatorio de que algunas cosas llevan tiempo!

Usted es un proyecto importante y su desarrollo como líder va a llevar tiempo. El mundo con todas sus complejidades, redes de relaciones y desafíos necesita de su liderazgo hoy. Va a necesitar su liderazgo mañana y siete años después. Mientras Dios le dé aliento, su talento e influencia serán necesarios para ayudar a los demás a crecer y para ayudar a que funcionen las organizaciones.

Cuando lidere, tenga presentes las palabras que le dijo Moisés a Josué: "Sé fuerte y valiente... El Señor mismo marchará al frente de ti y estará contigo; nunca te dejará ni te abandonará. No temas ni te desanimes" (Deuteronomio 31:7-8).

A medida que persigue sus sueños con valentía, ¡que Dios realice a través de usted lo que está más allá de su alcance!

NOTAS

[1] Introducción: El liderazgo es usted
The Visitor, Abril 1984, www.sermonillustrations.com/a-z/p/problem_solving.htm.

[2] Adaptado de "Don't Quit—The ultimate goal of taking the hill…," www.leadership-skills-for-life.com/dont-quit.html.

[3] "Abraham Lincoln: Leadership Case Study," *Leadership with You*, www.leadership-with-you.com/abraham-lincoln-leadership.html.

[4] "Gandhi, Mohandas Karamchand (1869–1948)," *Martin Luther King, Jr. and the Global Freedom Struggle*, http://mlk-kpp01.stanford.edu/index.php/encyclopedia/encyclopedia/enc_gandhi_mohandas_karamchand_1869_1948/.

[5] "Abraham Lincoln," www.leadership-with-you.com/abraham-lincoln-leadership.html.

[6] "The Balloon Story," www.businessballs.com/stories.htm#stories.

Capítulo 1: Decida ser un líder

[7] Dado que la pareja de cromosomas para los hombres es XY y para las mujeres es XX.

[8] Henning Mankell, "Th e Art of Listening," *New York Times*, Diciembre 20, 2011, www.nytimes.com/2011/12/11/opinion/sunday/in-africa-the-art-of-listening.html.

Capítulo 2: Decida perseguir su visión personal

[9] "Sample Vision Statements," www.skills2lead.com/sample-vision-statements.html.

[10] Mike Wynn and Joseph Lord, "Kentucky Fans Riot after Defeat of Louisville in Final Four," *Courier-Journal*, 1 Abril 2012, http://content.usatoday.com/communities/campusrivalry/post/2012/04/kentucky-fans-riot-violence-fi res-louisville-win/1#.T3oVP9XleSp.

Capítulo 3: Decida estar listo

[11] "Powerful Kid Magic," Only Funny Stories, www.onlyfunnystories.com/Powerful-Kids-Magic-stories.asp.

Capítulo 4: Decida ser auténtico

[12] "The Priest and the Politician Story," www.businessballs.com/stories.htm#stories.

Capítulo 5: Decida formar parte de un equipo

[13] "A Touching Story," http://gatewaytojesus.com/inspirationalstoriespage1.html.

[14] "The Blind Men and the Road Story," www.businessballs.com/stories.htm#stories.

Capítulo 7: Decida establecer relaciones

[15] Rick Noland, "Van Epp Is Making Strides," *Medina-Gazette*, 21 de septiembre de 2007, http://medinagazette.northcoastnow.com/2007/09/21/van-epp-is-making-strides/.

[16] Daniel J. Canary, Tara M. Emmers-Sommer with Sandra Faulkner, *Sex and Gender Differences in Personal Relationships* (New York: The Guilford Press, 1997), 98.

Capítulo 8: Decida identificar a las personas influyentes

[17] You can see the play at time code 1:30 of *Larry Csonka Highlights*, www.youtube.com/watch?v=sXLEE_5lODw.

[18] "Logic101," http://gatewaytojesus.com/inspirational storiespage2.html.

[19] Diane, "Story of Influence II," http://get2clear.com/2009/03/18/story-of-influence-ii/.

Capítulo 9: Decida buscar apoyo antes de arriesgar

[20] "The Mechanic and the Surgeon Story," www.businessballs.com/stories.htm#stories.

[21] Katy Finneran, "The Greatest Risks They Ever Took," *Forbes*, 21 de enero de 2010, www.forbes.com/2010/01/20/gucci-indy500-letterman-entreprenuer-management-risk-greatest_slide_12.html.

[22] Estos principios se explican mejor en nuestro libro *Men Are Like Waffles—Women Are Like Spaghetti* (Eugene, OR: Harvest House Publishers, 2001).

[23] Finneran, "Greatest Risks," www.forbes.com/2010/01/20/

gucci-indy500-letterman-entreprenuer-management-risk-greatest_slide_35.html.

Capítulo 10: Decida buscar apoyo sobrenatural

[24] Para más información acerca de esta organización ver www.cru.org.

Conclusión: Persiga sus sueños

[25] Steven M. Horwitz, "Anabolic Steroids: The Road to the Gold or the Road to the Grave," Capital Sports Injury Center, www.marylandsportsinjurycenter.com/ster.html.

[26] Sheri and Bob Stritof, "Cohabitation Facts and Statistics," http://marriage.about.com/od/cohabitation/qt/cohabfacts.htm.

[27] Bob Moorehead, "The Paradox of Our Age," http://gatewaytojesus.com/inspirationalstoriespage2.html.

ACERCA DEL AUTOR

Bill Farrel y su esposa Pam son especialistas en relaciones que ayudan a la gente a descubrir como tener "sabiduría en el amor". Dan charlas a nivel internacional y son autores de treinta y cinco libros, incluyendo el libro de mayor venta *Los hombres son como waffles, las mujeres como espaguetis* (se han vendido más de 300.000 ejemplares).

Bill y Pam son invitados frecuentes de programas de radio y televisión y sus escritos han aparecido en numerosas revistas y periódicos. Bill tiene experiencia como pastor principal, pastor de jóvenes y pastor de grupos pequeños. Pam tiene experiencia como directora de ministerio de mujeres, esposa de pastor y mentora. Sus libros se han traducido a dieciséis idiomas. Han estado felizmente casados por más de treinta años y tienen tres hijos, una nuera, dos nietas y un nieto. Los Farrels viven en San Diego California.

Para ponerse en contacto con los Farrels o si desea más información sobre sus otros recursos:

www.Love-Wise.com
Love-Wise
3755 Avocado Boulevard, #414
La Mesa, CA 91941
(800) 810-4449
Guste a Bill y Pam Farrel en Facebook
Siga a Bill Farrel o Pam Farrel en Twitter